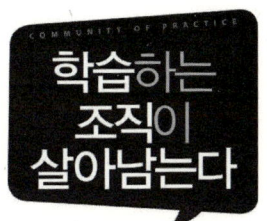

COMMUNITY OF PRACTICE

학습하는
조직이
살아남는다

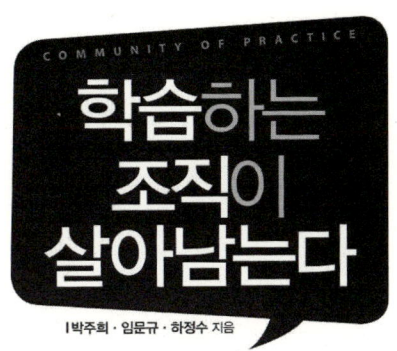

COMMUNITY OF PRACTICE

학습하는
조직이
살아남는다

ㅣ박주희 · 임문규 · 하정수 지음

이담
Books

프롤로그(Prologue)

■ ■ ■ 학습조직은 새롭거나 거창한 것이 결코 아니다. 학습조직은 기본으로 돌아가자는 운동이다. 조직을 처음 형성한 초기의 건강하고 열정적인 조직으로 만들자는 것이다. 조직의 아픈 곳, 비가 새는 곳, 깨어진 창 등을 찾아서 수리(개선)하고 힐링하여 초기의 건강하고 희망찬 조직으로 변화시키는 노력이 학습조직이다.

학습조직은 조직을 항상 움직이게 하며, 스스로 치유(힐링)하는 효과를 가져다준다. 조직을 움직이게 함으로써, 조직의 당면문제들을 해결할 수 있다. 직원들의 움직임이 활발한 조직은 조직의 아픈 곳을 스스로 힐링하는 효과를 갖는다. 그것이 바로 학습조직이다.

직원들을 움직이게 하라. 그들을 믿고 그들의 사고를 자극하여 조직을 스스로 변화시키도록 하라. 조직이 변화하는 노력을 할 때, 조직은 성장한다. 직원들을 움직이게 하는 것은 그들 스스로 학습하도록 하는 것이다.

직원들이 항상 깨어 있는 조직, 직원들이 학습하는 조직만이 치열한 경쟁사회에서 살아남는다. 학습하는 조직만이 생존할 수 있다. 오늘날 조직을 생존하게 하는 것은 다름아닌 직원의 학습이다. 지식근로자가 많은 조직이 경쟁력을 갖추고, 그들이 조직을 살아남게 만드는 것이다.

이제 분명한 목적의식을 가지고 학습조직을 운영하자. 당신은 학습조직이라는 배를 타고 항해하게 될 것이고, 본서는 당신의 성공적 항해를 도울 것이다. 다시 말해서, 본서는 배의 항해에 필요한 기본적인 정보들을 제공해 줄 것이다. 학습조직을 통하여 당신의 경쟁력을 확보하고 조직의 가치를 증대시켜 보자.

Contents

Part 4. 학습조직의 운영

PART 1 | 학습조직의 기초개념

1 학습의 의미와 수준

학습의 의미

학습이란 무엇이며 심리학과 경영학에서는 학습을 어떻게 설명하고 있는가? 심리학에서 사용하는 학습과, 경영학에서 사용하는 학습에는 기본적인 차이가 있다.

심리학에서는 학습의 연구대상으로 정보의 습득·저장·전이는 설명하지만, 개인이 만나는 공간에서 이루어지는 다양한 학습방법과 학습 환경에 대한 설명은 하지 못하고 있다.

또한 심리학에서는 조직변화의 관점에서 무엇이 학습되었는가보다는 학습이 지속적으로 되풀이되어야 한다는 일상화에 관심을 두고 있다.

그러나 경영학에서의 학습의 접근방법은 심리학과는 다르다. 경영학에서는 학습을 조직혁신 또는 조직변화의 관점에서 다루며, 학습은 현장에서 일어나는 그 자체이며, 현장에서 요구되는 성과를 얻기 위한 능력의 배양에 목적을 두고 있다.

경영학에서는 학습의 내용은 무엇이며, 그것을 어떻게 공유하고 확산할지를 배우고, 전략과 학습활동을 연계해 조직의 성장과 발전을 위한 지속적이고 습관적인 학습활동으로 연결시키고자 한다.

심리학과 경영학에서 사용하는 학습에 대한 접근방법의 차이를 감안하여, 기업에서는 학습을 수용할 때 그들의 관심에 맞게 조정할 필요가 있다.

지식사회에서는 지식과 학습이 기업의 결정적인 요소가 된다. 이를 위해서는 2가지 사항이 요구된다.

하나는 지식을 하나의 독립적인 프로세스로 보고 일반적으로 이용할 수 있는 정보시스템이 구축되어야 한다. 다른 하나는 학습은 일회적이 아닌 지속적이고 일상적인 활동이 되도록 하여야 한다.

따라서 학습은 단기적이고 일회적인 교육만으로는 부족하고 현장의 업무과정 속에서 일반적으로 일어나는 활동이어야 한다. 이를 위해서 학습은 현장의 업무와 분리하여 이루어지는 독립적인 학습이 되어서는 안 되며, 일상적인 업무활동과 병행하여 이루어지는 필수적인 활동이 되어야 한다.

기업이 환경변화에 적응하고 조직이 성장·발전하기 위해서는 조직을 학습조직으로 만들어야 한다. 학습은 경영자를 위한 활동이 아니다. 학습은 생산적인 활동의 중심에 있는 것으로, 현장에서 일어나는 업무 그 자체인 것이다.

기업의 환경변화에 대한 부적절한 대응으로 인한 기업경쟁력의 쇠퇴는 기업의 잘못된 학습역량에서 그 원인을 찾을 수 있다. 현재의 위기에 대한 원인분석과 해결책을 찾기 위한 학습(생성적 학습, generative learning)을 하여야 하는데, 그러한 노력 없이 기존의 해결방식으로 대응하는 학습(적응적 학습, adaptive learning)이 일반화되어 있기 때문이다(<표 1-1> 참조).

<표 1-1> 기업의 학습방식

구분	생성적 학습	적응적 학습
개념	기업의 당면문제 인식방법과 문제해결 방식 자체에 대하여 끊임없는 의문을 제기하고 탐색	현존하는 학습형태의 적합성 여부에 대한 고찰 없이 기존의 문제해결 방식 고수
특징	– 기존 사업방식에 대한 혁명적 전환: 기존 사업영역에 대한 재해석 – 사업의 영위방식(고객, 제품, 시장)에 대한 재정의 – 관리자들은 자사의 과거 경험에 구속받기보다는 과거의 경험으로부터 학습	– 변화는 하되, 근시안적으로 정의된 범주 안에서 점진적 변화: 이전의 수행실적을 기준으로 기존의 제품·시장·서비스·기술에 대한 부가적 개J선에 초점 – 문제에 대한 사전적 예방보다 사후의 대처 – 문제에 유연하게, 직접적 대처보다 구태의연한 대응자세: 다양한 의견 및 실험정신, 위험감수에 대한 장벽, 기존의 관례준수 강조
학습능력 측정	기업 관리자들이 어떻게 학습하는가를 중시(학습과정)	기업 관리자들이 무엇을 알고 있는가를 중시(학습산물)
학습결과	변화능력과 시장창조	안정성과 시장점유율
권력근원	지식	계층적 직위
관리자의 행위특성	– 개방적 관점 – 시스템적 사고의 문제해결 지향	– 통제적 관점 – 단편적 사고에 의한 문제해결 지향

자료: 최재윤(1997), 한국통신의 학습조직 진화를 위한 제언, 경영과 기술(통권 90호).

학습수준

학습조직에서는 조직 내의 모든 수준에서의 학습 – 개인학습, 집단학습(팀 학습), 조직학습 – 이 이루어져야 한다. 개인학습·집단학습·조직학습 등은 상호 밀접한 관계를 가진다.

개인학습이 집단학습을 구성하고, 집단학습이 조직학습을 구성하기도 하며, 반대로 조직학습이 개인학습이나 집단학습을 지원하고 촉진하기도 한다.

학습조직은 개인학습·집단학습·조직학습 등의 활성화를 통하여 복합적으로 이루어진다.

(1) 개인학습

개인학습(개별학습)은 조직을 구성하는 가장 기본이 되는 단위인 개인이 학습주체가 되는 학습이다. 개인이 자신의 계획에 따라 독서를 하거나 특정 교육이나 세미나에 참석하여 지식이나 정보를 배워 자신의 가치관이나 행동을 수정하고 문제해결 능력을 향상시키는 것이다.

개인학습은 조직학습의 필요조건은 되지만, 조직의 학습이 완성되는 충분조건은 아니다. 개인학습이 조직학습으로 승화·발전되기 위해서는 우선 조직이 추구하는 전체의 맥락과 같이하여야 하며, 다른 구성원들과도 공유할 수 있어야 한다. 기업에서 이루어지고 있는 개인학습의 유형은 다음과 같다.

- 타 부서의 업무기술을 배우고 있다.
- 직원들은 자신의 연간·월별 목표를 갖고 있다.
- 직원들은 자기 분야에서 최고가 되기 위해 노력한다.
- 독서나 교육 등을 통해 지식을 얻고 문제해결 능력을 향상시킨다.

(2) 집단학습

집단학습(팀 학습)은 조직의 구성원들이 팀이나 집단을 이루어 수행하는 학습이다. 조직 내에서 팀이나 집단이 학습을 통하여 그들의 가치관이나 행동을 변화시키고, 문제해결을 위한 정보와 지식을 획득·공유·활용하여 조직을 활기차게 만드는 것이다.

조직 내의 팀이나 집단에서 이루어지는 학습은 다른 팀이나 집단 또는 개인들에게 전파·확산되어 조직 전체의 학습활동에 영향을 미친다. 기업에서 이루어지고 있는 집단학습의 유형은 다음과 같다.

- 개인보다는 팀을 중시하며, 팀원 간 협력에 역점을 둔다.
- 부서 간 협력을 통해 직원의 학습을 도와준다.
- 비정규 집단을 통한 학습활동이 활발하다.

(3) 조직학습

조직학습은 조직 전체가 학습주체가 되어 수행하는 학습이며, 그것은 조직을 구성하는 개인과 집단들을 포함하는 조직 전체의 목표달성을 위하여 이루어진다.

이른바 조직학습은 조직의 비전을 달성하기 위한 학습이다. 조직학습은 학습조직의 비전과 기본방향의 설정, 과정의 평가, 목표달성도의 측정과 피드백 등을 위하여 이루어지는 총체적 학습인 것이다.

학습조직은 조직이 스스로 변화의 필요성을 발견하고, 그 위에 성공을 거둘 것으로 믿는 변혁에 착수할 수 있는 능력을 획득하고 성장시키는 과정으로 이해된다.

조직학습은 조직 전체의 목표달성을 위하여 이루어지는 학습이다. 조직학습은 개인학습 및 집단학습과 상호 연관되지만, 그것들의 단순한 총합 이상의 것이다.

조직학습은 조직 전체의 전략과 시스템 차원에서 이루어지는 것으로, 조직 전체의 제도나 문화 등에 관한 학습은 조직학습을 통해서 효과적으로 수행할 수 있으며, 그 성과는 구성원들과 함께 오랜 시간을 두고 광범위하게 통제할 수 있는 것이다.

이러한 개인학습·집단학습·조직학습 등의 활성화를 통하여 복합

적으로 이루어진 것이 학습조직이다(<그림 1-1> 참조). 개인학습·
집단학습·조직학습 등이 서로 영향을 미치면서 학습조직에 영향을
줌을 알 수 있다.

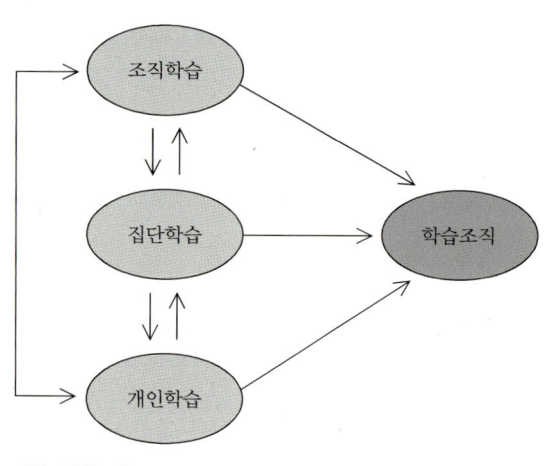

자료: 이영현 외(2001), p.28.

<그림 1-1> 학습조직화의 기본체계

그런데 학습조직과 조직학습의 개념적 차이에도 불구하고, 이 둘
이 혼용되어 혼란을 야기하기도 한다. 조직학습이 학습조직을 구축
하기 위한 조직 차원의 학습활동의 과정이라면, 학습조직은 조직학
습에 대한 결과의 개념인 것이다.

학습조직이 비록 결과의 개념이라 하더라도, 모든 학습활동이 종
료된 시점에 최종적으로 나타나는 것이 아니기 때문에, 구성원에 의
한 지속적인 학습과정으로 이해할 수도 있으며, 그 경우에는 중간
결과물이 될 수도 있다. 기업에서 이루어지고 있는 조직학습의 유형
은 다음과 같다.

- 새로운 지식을 여러 사람들이 함께 학습한다.
- 필요한 지식·정보를 창출·공유하는 체계를 가지고 있다.
- 문제를 해결하기 위해 학습과정이나 학습을 활용한다.

(4) 학습조직의 구축전략

앞에서 설명한 개인학습, 팀 학습, 조직학습 등은 상호 밀접한 관계를 가진다. 개인학습이 팀 학습을 구성하고, 팀 학습은 조직학습을 구성하는 요소가 되기도 한다. 그리고 개인학습이 바로 조직학습에 연결되기도 하며, 조직학습이 개인학습이나 팀 학습을 지원하고 촉진하기도 한다.

국내 기업의 학습조직 구축에서는 개인학습이나 조직학습은 경시되고, 상대적으로 팀 학습에 중점을 두는 경우가 많다. 학습조직에서 가장 중요한 것이 개별학습인 만큼, 팀 학습이 개별학습을 수용하거나 조직학습과 연계하여 학습효과를 높여야 할 것이다.

학습조직을 구축하기 위해서는 다음의 2가지 전략을 사용할 수 있다. 하나는 개인학습을 조직학습으로 발전시켜 학습조직을 구축하는 미시적 접근이 있다.

개인학습 ► 조직학습 ► 학습조직

지식 창출의 주체인 개인을 대상으로 하는 이 전략은 개인학습을 통해서 조직학습이 이루어지고 이를 바탕으로 학습조직을 만들어 가는 것이다. 이 전략은 교육 등 개인의 학습역량 증대에 초점을 두고 있다.

다른 하나는 조직학습이 개인학습을 지원하여 학습조직을 구축하는 거시적 접근이다.

조직학습 ► 개인학습 ► 학습조직

이 전략은 조직학습이 어느 정도 달성되면 조직의 구성원은 개인의 의사와는 큰 상관없이, 즉 극단적인 경우에는 학습을 하기 싫다 하여도 학습을 하게 된다는 논리에 근거하고 있다.

이 2가지 전략은 서로 보완적인 관계에 있어 동시에 추구되는 게 바람직하다. 그러나 이 2가지 전략은 단지 학습조직의 구축에 있어 큰 그림(큰 방향)만을 제시해주는 것으로서, 어떤 조직을 학습조직으로 만들기 위한 노력은 실로 장기간 많은 사람들이 진지한 노력을 지속적으로 할 때에만 가능할 수 있을 것이다.

학습과 훈련

인적자원개발 분야에서 주목할 만한 패러다임의 변화는 현장 훈련에서 학습으로 초점이 이동하여 왔다는 것이다. 훈련과 학습의 차이는 <표 1-2>와 같다. 키첼(Walter Kiechel)에 의하면, 훈련은 직원들이 그것을 선택하도록 정보를 제공하는 것이고, 학습은 직원들에게 자극을 주어 그들 스스로 학습을 하도록 유도하는 것이라고 한다.

이러한 점에서 훈련과 학습은 다르다. 학습은 직원들로 하여금 새로운 것을 시도하다가 실수도 저지르고, 그러한 실수에서 무엇을 배우도록 하는 것까지도 포함한다.

<표 1-2> 훈련과 학습의 비교

훈련	학습
외부에서 내부로, 타인에 의해 수행된다.	내부에서 외부로, 스스로 시행할 것을 추구한다.
상대적 안정을 가정한다.	지속적 변화를 가정한다.
지식, 숙련도, 능력과 작업이행에 중점을 둔다.	가치, 태도, 혁신, 재능에 중점을 둔다.
기본적인 능력개발에 적절하다.	조직과 개인이 어떻게 학습하고 해결방안을 창출해야 하는지 배우도록 한다.
개선을 강조한다.	한계를 뛰어넘도록 강조한다.
조직의 과업과 전략에 관련된 것이 아닐 수 있다.	성공을 위한 조직의 비전과 요구사항과 직접적인 관련을 가진다.
단기적으로 초점을 맞춘 구조화된 학습경험이다.	공식·비공식적으로 미래지향적이며 학습자의 주도로 이루어진다.

자료: 이영현(2001), p.29.

2 학습조직의 개념

학습조직(Cop: Community of Practice)은 동일한 주제에 대하여 관심이 있는 학습자(성인)들이 자발적으로 모임을 구성하고, 정기적으로 만나서 학습과 토론을 통하여 공동의 관심사를 함께 생각하고 실천하는 모임을 말한다.

다시 말하면, 학습조직은 동일한 주제에 관심을 가진 소수의 학습자들이 학습을 위하여, 자발적으로 모임을 결성하고 운영하는 학습집단이다.

보통 10명 내외의 성인들이 관심 주제를 놓고 토론을 하면서 조직의 여러 문제들에 대하여 공동의 해결방안을 찾거나 생각해보는 장으로서 다음과 같은 준거로 규정한다.

- 학습조직은 소수의 학습자들을 운영주체로 한다.
- 학습조직은 자발적 모임으로 결성한다.
- 학습조직은 정해진 주제에 대한 학습의 목적을 지닌다.
- 학습조직은 정기적 만남을 원칙으로 한다.
- 학습조직은 조직의 여러 문제들을 해결한다.

학습조직의 여러 준거 가운데, 여기서는 학습조직을 문제해결의 기법으로서 살펴보고자 한다.

학습조직은 공통의 관심사에 대한 직원들의 전략적·자발적 모임으로서, 연구검토, 문제해결, 아이디어 도출, 학습, 경험 및 정보의 공유를 통해 목표달성과 과제해결 등을 수행하는 기법이다.

조직에서는 여러 가지 문제가 발생하며, 그것의 해결을 위한 과제가 주어진다. 주어진 과제는 개인이 해결할 수도 있고, 팀이 해결할 수도 있다.

개인이 해결할 수 있는 것은 각자의 능력에 따르지만, 개인이 해결할 수 없는 과제를 위해서는 그것을 해결할 수 있는 팀을 구성해야 한다.

개인은 개선의 제안을 통해 과제를 해결하고, 팀은 소집단, 품질분임조(QC), 태스크포스(TF), 학습조직(CoP)이나 액션러닝(AL) 등을 조직하여 과제를 해결한다.

이때의 학습조직은 과제해결을 위해 조직된 하나의 학습 팀인 것이다. 학습 팀은 과제의 성격에 따라 여러 가지 기법이나 해결도구를 활용하여 과제를 수행하게 된다.

학습조직에서 말하는 학습은 단순히 공부한다는 의미가 아니라, 조직의 구성원이 환경변화에 적응한다는 포괄적인 의미를 담고 있다. 환경변화에 적응하기 위해서는 조직의 핵심역량을 강화하여 지속적으로 경쟁우위를 확보해야 하는데, 이런 과정을 학습이라고 한다.

학습은 조직의 일상적 업무활동과 별개의 독립적인 활동, 즉 자기개발과 관련되는 활동만이 아니다. 학습은 소식과 구성원의 변화 그 자체이며, 동시에 이러한 변화의 원동력을 창출해내는 근본적인 힘이다.

이러한 학습조직은 학습동아리와 유사하다. 학습조직과 학습동아리가 모두 성인(학습자)들을 대상으로 하는 학습집단인 것은 동일하다. 하지만 다른 점도 있다. 학습동아리는 평생교육학의 한 분야로서 학습공동체를 배경으로 하지만, 학습조직은 기업이라는 조직을 배경으로 한다는 점이다.

3 학습조직의 필요성

　오늘날의 무한경쟁시대의 환경에서는 지식, 정보, 기술, 더 나아가서 학습능력과 같은 눈에 보이지 않는 자산이 중요한 경쟁요소가 되고 있다. 특히 학습능력의 구축은 지속적으로 경쟁우위를 창출할 수 있는 원천으로 최근 새롭게 부각되고 있다.

　장기적이고 지속적인 조직에서의 학습을 통하여 조직은 학습능력을 체화하고, 습관화된 학습능력을 바탕으로 점차 학습조직으로 발전하게 된다. 즉, 조직 내에서 학습조직을 발전시킴으로써 조직의 학습역량을 높일 수 있다.

　조직의 학습역량이란 조직학습을 효과적으로 할 수 있는 능력을 말한다. 조직의 학습역량은 영향력 있는 아이디어를 창조하고 확산할 수 있는 능력을 말한다.

　여기에서 아이디어의 창조는 아이디어의 획득, 발견, 발명을 의미한다. 그리고 아이디어의 확산은 조직 내의 여러 경계에 걸쳐서 아이디어를 공유하는 것을 말한다.

　학습역량을 바탕으로 지속적인 변화를 추구하는 대표적인 기업으로는 3M이 있다. 3M의 창조적이고 혁신적인 기업문화는 수십 년에 걸쳐 조직 내에 정착된 차별화된 학습역량이다.

3M의 학습역량을 강화시킨 첫 번째 요인은 모험을 장려하는 기업의 가치관에 있다. 실패를 용인하는 기업문화, 이것이 구성원들을 지속적으로 학습하도록 하는 주요한 원천이 되고 있다.

3M의 학습역량을 강화시킨 두 번째 요인은 리더의 비전을 구체적이고 실행 가능하도록 지원해주는 일관성 있는 제도적 장치이다. 그중 하나가 "30%의 규칙"이다. 이는 사업 부문별로 1년 매출의 30%는 최근 5년 내에 개발된 제품에 의해 이루어져야 한다는 것이다. 3M의 전사적인 경영전략은 이 원칙에 근거하고 있다.

3M의 학습역량을 강화시킨 세 번째 요인은 이와 같이 축적된 지식이나 아이디어의 독특한 공유방식이다. 3M은 소규모의 팀으로 운영되는데, 각 팀에서 개발된 기술의 전사적 전파 및 공유는 다른 어떤 기업보다도 잘 이루어진다. 그것은 자신이 개발한 기술일지라도 이는 자신의 것이 아닌 회사의 자산이라는 강한 공유의식이 있기 때문이다.

이처럼 조직학습이 필요한 이유는 조직학습이 급변하는 환경 속에서 지속적 경쟁우위를 점할 수 있는 유일한 대안이며, 기업은 학습조직을 발전시킴으로써 어떠한 환경의 변화 속에서도 유연하게 적응할 수 있는 준비를 갖출 수 있기 때문이다.

4 학습조직의 중요성

미국기업의 학습 현황

오늘날 빠르게 변화하는 경영환경의 변화에 유연하면서도 효과적으로 대응하기 위하여, 근로자들의 역량개발에 대한 관심과 중요성이 증대되고 있다.

기업 내에서의 학습(workplace learning)은 끊임없이 변화하는 대내외 환경변화에 능동적으로 대처할 수 있는 근로자들의 직무능력 개발과 직결된다는 점에서 그 의의가 크다.

특히, 미국의 기업들은 조직학습이 개인의 직무능력 개발뿐만 아니라 개인 및 조직의 성과를 예측하는 중요한 요인인 근로자 몰입에도 긍정적인 영향을 보임에 따라 기업의 경영진은 학습에 주목하고 있다.

(1) 학습에 대한 투사

미국기업들은 학습이 근로자들의 역량개발을 통한 기업의 성과증진에 기여하는 중요한 요인으로 인식하고, 이에 대한 투자를 확대하고 있다.

미국훈련개발협회(ASTD: American Society for Training & Development)가 발간한 『2007 State of the Industry Report』에 의하면, 근로자 1인당 평균 직접성 학습경비는 2006년에 1,040달러로 2004년도의 1,022달러에 비해 약 1.8%의 증가를 보이고 있다.

또한 근로자 임금 중 평균 학습투자액은 2003년 2.31%에서, 2007년 2.33%로 증가세를 보였다. 근로자의 평균 학습시간과 관련해서는 2006년 한 해 동안 근로자 1인당 35.06시간의 공식 학습시간을 가진 것으로 나타났는데, 이는 2004년도의 36.36시간보다 1시간 정도 감소한 결과이다.

(2) 학습과 몰입과의 관계

지난 수년 동안 종업원의 몰입(employee engagement)은 개인, 집단 그리고 기업의 생산성, 직원의 유지·이직, 고객서비스, 고객충성도 등 기업 전체의 성과와 관련이 있다는 점에서 경영진에게 큰 주목을 받고 있다.

종업원 몰입은 새로운 개념은 아니지만 기존의 동기(motivation), 열정(passion), 헌신 등에 대한 새로운 용어이다. 기업리더십위원회는 종업원 몰입이 이성적 몰입과 감성적 몰입으로 구성된다고 한다.

이성적 몰입은 개인의 충분한 보상과 개발기회와 관련이 있고, 감성적 몰입은 자신의 일과 상사 또는 조직에 대한 사랑을 의미한다고 한다.

일반적으로 종업원 몰입은 보상, 일의 질, 개인의 특성 등 일과 관련된 요인으로부터 발생하는 것으로 알려져 있으며, 조직의 성공에 중요한 요인으로 인식되고 있다.

이에 따라, 많은 조직에서는 종업원 몰입에 대한 지원과 증가가 학습조직과 어떠한 관련성을 보이는지에 대하여 관심을 갖기 시작하였다.

ASTD의 조사에 의하면, 학습이 종업원 몰입에 영향을 미치는 중요한 요인으로 나타났다. 특히 몰입이 높은 종업원과 낮은 종업원 모두에게서 훈련·학습기회의 질과 빈도 및 범위는 종업원 몰입에 가장 큰 영향력을 미치는 요인으로 나타났다.

(3) 캐터필러사의 사례

캐터필러社는 세계적인 제조기업으로서 건설 및 광업 기자재, 디젤 및 천연가스 엔진, 산업용 가스터빈을 등을 만들고 있다. 이 회사는 종업원 몰입, 탤런트 매니지먼트, 승계계획을 추진하기 위하여 학습조직을 효과적으로 잘 활용하고 있다.

실제로 최고경영자인 오웬스(Jim Owens)는 학습조직이 캐터필러를 위대한 기업으로 만들었다고 역설하고 있다. 그는 또 캐터필러에서의 학습은 직무기술의 향상뿐만 아니라 장기적으로는 유능한 근로자의 확보와 유지, 그리고 종업원 몰입 등에 매우 중요한 수단으로 인식하고 있다.

직원들의 역량개발에 대한 최고경영자의 의지는 매우 확고하여, 현재 교육훈련 예산이 연간 약 1억 달러에 달하는 상당한 금액을 투자하고 있다.

캐러필러는 학습이 직원의 역량개발 및 성장뿐만 아니라 몰입을 이끌어내는 데 있어서도 중요하게 작용하고 있다고 보고 있다.

오웬스는 학습을 통해 직원들이 현재와 미래의 일을 수행하는 데 필요한 지식과 기능을 습득하고는 있지만, 그것으로는 충분하지 않다고 한다.

그는 직원들이 학습한 것은 반드시 업무현장에 적용되어야 하며, 그것은 종업원 몰입이 수반될 때 실현될 수 있다고 보고 있다.

캐터필러는 기업 내 인트라넷을 통하여, 종업원들이 기업 차원에서 배워야 하는 학습, 기업단위별 학습, 직무역할 관련 학습, 학술회의 참여, 독서, 개인개발에 필요한 수업참여를 포함한 자유재량적인 학습 등 광범위한 영역에 걸쳐 수많은 교육과정들을 제공하고 있다.

아울러 전통적인 기존의 교실수업뿐만 아니라 전 세계에 흩어져 일하고 있는 글로벌 직원들을 지원하기 위해서 다양한 언어로 약 3,000개 이상의 웹기반 학습도 제공하고 있다. 그리고 미국에 거주하는 근로자들에게는 대학 및 대학원 학위과정을 이수하도록 독려하기 위하여 학비보조 프로그램을 운영하고 있다.

이처럼 캐터필러의 CEO는 지식을 가치 있게 여기고 끊임없이 지식의 습득을 위해 노력하는 근로자들의 성공을 돕고, 결과적으로는 캐터필러의 지속적인 성장을 도모하고 있다.

현장에서의 학습전수의 변화

조직 내에서 광범위한 학습의 도입은 훈련의 전달에도 동일하게 극적인 효과를 미치게 된다. 이에 따라 관리자와 트레이너의 역할이 변화하고 있다.

(1) 관리자의 변화

관리자에게 일어나는 변화 중 하나는, 일방적 지시를 통해 부하의 행위를 통제하는 명령자(commander)로서의 역할이 끝나고 있다는 것이다.

다시 말하면, 권한이양의 상황 속에서 관리자의 과제는 상대적으로 자율적인 작업집단이나 자율적 팀의 행동과 해결을 촉진(facilitate) 하는 것이다.

높은 성과를 이끌어내기 위하여 관리자는 위계적 지위(position in hierarchy)보다는 리더십(ability to lead)을 발휘하여야 한다. 관리자들은 이제 더 이상 지식의 수호자가 아니다. 이제는 지식과 정보를 조직 전체에 확산시켜 나가는 것이 관리자의 책임이다.

촉진자로서의 관리자 역할은 부하직원 훈련에서도 중요한 역할을 수행한다. 훈련은 더 이상 공식과정의 형태로 훈련부서에만 맡겨질 수 있는 것이 아니다.

현장에서 더욱더 많은 기능이 습득되기 때문에, 관리자는 코치와 멘토로서 더욱 중요한 역할을 수행하면서 부하직원의 기능을 발전시켜야 한다.

(2) 트레이너

전통적으로 조직에서 관리자들은 능력개발과 관련된 일부를 제외하고 대부분의 훈련을 전문 트레이너(훈련교육자)에게 맡겼다. 훈련과정이 설계된 뒤에는 교실이나 훈련센터 등에서 '교습'을 통해 매우 구조화된 방식으로 실행된다.

이런 방식으로 기술적 숙련을 가르치는 것은 중요하다. 그러나 고

성과를 지향하는 조직에서 트레이너는 조직에서의 지식창출과 근본적 변화를 다루는 기능이 추가로 필요하다.

이런 맥락에서 학습의 원천으로서 현장이 중요하게 되고, 그것은 트레이너가 성과요구를 확인하도록 도와주는 컨설턴트가 되는 것을 의미한다.

이것들은 부서마다 다를 수 있으며 해결책은 각각 맞춤형이 되어야 한다. 이제 트레이너들은 현장관리자와 협력하여 각 부서의 요구에 맞는 적절한 행동과정을 개발하여야 한다.

트레이너의 역할이 학습자와 현장관리자에게 학습과정의 지원과 촉진방법에 대한 자문과 지침을 제공해주는 촉진자(facilitator)로 변모하고 있기 때문이다.

5 학습조직의 특징

학습조직의 특징을 한마디로 규정하기는 매우 어렵다. 여러 학자들이 정의한 학습조직의 특징들을 종합적으로 살펴보면 다음의 7가지로 요약할 수 있다.

(1) 지식의 창출·공유·활용이 뛰어난 조직

조직의 내·외부 환경에서 오는 당면 문제들을 해결하기 위해서는 지식을 창출하여 관련된 사람들과 그것을 공유하고 활용해야 하는데, 학습조직은 이에 뛰어나다. 학습조직은 지식을 활용하여 조직의 문제를 해결하고 조직을 창조적으로 변화시킨다.

(2) 창조적인 변화능력을 촉진하는 조직

학습조직은 조직 내의 창조적인 변화능력을 확대하고 심화하는 학습을 유발하고 촉진하여 효율적으로 문제해결을 이끌어가며, 이러한 창조적 변화가 이루어질 수 있도록 전략을 구상하고 그것을 실현한다.

조직이 현실적으로 적응하고 생존하기 위한 학습도 중요하지만, 그러한 적응과 생존학습은 창조적 학습과 결합되어야 하고, 그것이 가능하도록 촉진하는 것이 바로 학습조직인 것이다.

(3) 탈관료제를 지향하는 조직

학습조직은 여러 가지 면에서 탈관료제 지향적 성격을 지닌다. 히트(Hitt, 1995)는 '조직은 관료제 조직에서 성과 위주의 조직, 즉 학습조직으로 발전한다'고 하면서, 두 조직의 비교를 통해 그 특징을 <표 1-3>과 같이 제시하고 있다.

<표 1-3> 전통적 조직과 학습조직의 특성 비교

구분	전통적 조직	학습조직
비전의 공유	유효성과 능률	조직의 변화, 탁월성
리더십 유형	통제자	촉진자
팀	작업집단	시너지 팀
전략	안내지도(road map)	학습지도(learning map)
구조	계층적 구조	역동적 네트워크
스태프	알고 있는 집단(people who know)	학습하는 집단(people who learn)
기술	적응학습	생성학습
측정기계	재정보고	균형 잡힌 성과표

학습조직은 전통적인 관료제 조직과 달리 계층적 권위에 의한 의사결정구조가 아닌 구성원의 참여와 자율성을 토대로 하는 역동적 네트워크를 형성한다. 또한 조직의 유효성과 능률만을 추구하는 것이 아니라, 구성원이 함께 변화를 추구해 나간다.

(4) 현실을 이해하고 변화방법을 탐색하는 조직

조직은 하나의 현실로서 개인과 집단들로 구성된 유동적이고 복잡한 환경 속에 존재한다. 효율적인 조직은 여러 당면 문제가 처한 현실을 정확히 지각하고, 이해함으로써 변화를 추구해야 한다.

학습조직은 학습활동을 통하여 조직의 현실을 바르게 지각하고 이해하며 현실의 변화방법을 설계하고 선택하여 실행하는 중심체이다.

(5) 학습자의 주체성 자발성 참여성이 존중되는 조직

학습조직은 학습자의 주체성·자발성·참여성이 존중되는 조직이다. 최고경영자나 관리자의 독단적·강제적·하향적 결정에 수동적으로 참여하는 학습조직이 아니라, 학습자가 스스로 주체가 되어 자발적으로 참여하여 학습목표를 달성하는 조직이다.

조직의 관리자들은 조직의 개방적 학습풍토를 조성하며, 학습의 효과를 거둘 수 있는 인프라를 구축하고 지원하는 일을 한다.

(6) 연속으로 학습이 이루어지는 조직

학습조직에서의 학습은 일시적인 어떤 목표를 정해 놓고 그것에 도달하면 종료되는 것이 아니라, 학습이 지속적·연속적으로 이루어진다.

학습은 마치 사람이 자신의 그림자와 함께 계속하여 진행하는 것과 같은 연속적 과정인 것이다. 어떤 학습목표가 달성되면 새로운 목표를 새로이 설정하여 학습활동을 지속적으로 진행하여야 한다.

(7) 조직·직원·고객을 만족시키는 조직

학습조직은 조직이 지향하는 새로운 가치를 창조하고 그것을 실행할 능력을 발전시키며 조직 활동의 구체적 성과를 통하여, 조직과 직원 그리고 고객 모두의 만족을 지향하는 조직이다.

다시 말하면, 학습조직은 조직의 질적 수준을 높이고 관리의 속도를 촉진하며 성과를 향상시킴으로써 조직의 만족을 달성한다.

6 학습조직의 성격

학습조직은 경영혁신의 한 기법이다. 과거 많은 기업들이 경영혁신을 위하여 BPR(Business Process Reengineering), TQM(Total Quality Management), 고객만족경영, 시간중심경영 등과 같은 다양한 경영혁신 기법을 도입하였으나, 성공보다는 실패하는 경우가 많았다.

이러한 실패의 원인은 여러 가지가 있을 수 있겠으나, 많은 경우 지속적인 개선의 노력이 부족했기 때문이다. 즉, 과거의 성공과 실패에 대한 경험으로부터 끊임없이 피드백을 받아 개선시켜 나가는 지속적인 학습이 가장 중요했던 것이다.

기존의 여러 기법들이 조직변화를 가져오는 데 한계가 있었고, 기업이 환경변화에 신속히 적응하기 위해서는 새로운 지식이나 정보의 수집이 필요한데, 기존의 경영혁신 기법으로서는 한계가 있고 학습조직에 의해 가능함을 알 수 있다(<표 1-4> 참조).

<표 1-4> 기존 경영혁신 기법과 학습조직의 비교

조직의 요구사항	기존의 경영혁신 기법	학습조직
신속한 환경적응력과 지식 정보의 수용력	단기적 지식은 창출하지만 지적 자산의 축적은 안 됨	지식의 공유·축적으로 변화 대응력의 향상
미래의 대응력	당면 과제의 해결	미래 문제의 해결능력
창조적 문제발견, 환경주도력	기존 문제의 해결 중심	창조를 통한 환경주도 능력배양
항시적 혁신을 위한 기초체력	대증 요법	한방 요법(기초 체력의 보강)
구성원의 자아성장 욕구	조직만족, 고객만족	조직만족, 직원만족, 고객만족
혁신의 주체는 구성원	상위계층 중심의 혁신	현장중심의 학습으로 혁신주도

그 이후 경영혁신의 대안으로 학습조직이 대두되었다. 학습조직
은 미국의 경영학자인 피터 센지(Peter Senge)가 창안한 경영혁신의
한 개념이다.

그는 학습조직을 조직구성원들이 진정으로 원하는 성과를 달성하
도록 지속적으로 역량을 확대시키고, 새롭고 포용력 있는 사고 능력
을 함양하며, 학습방법을 서로 공유하면서 지속적으로 배우는 조직
이라고 정의하였다.

이와 동시에 그는 학습조직을 환경변화에 대한 조직의 적응전
략으로서 생존과 성장, 그리고 발전의 원동력이라고 하였다. 이
흐름은 1998년 이후 지식경영(KMS)으로 발전하게 되어, 오늘에
이르고 있다.

7 학습조직의 등장배경

학습조직이 새로운 경영혁신의 기법으로 등장하게 된 배경에는 경제사회의 대변화, 즉 디지털시대의 등장을 들 수 있다. 20세기의 산업자본주의 시대가 막을 내리고 21세기의 디지털시대가 도래하면서 사람들은 많은 변화는 겪게 되었다.

정보의 양이 엄청나게 증가하고, 자본보다는 사람을 중시하며, 인재와 학습이 중요해졌다. 왜냐하면 디지털시대는 지식사회로의 변화를 가져 왔기 때문이다.

디지털시대의 특징들을 중심으로 학습조직이 경영혁신의 기법으로 등장하게 된 배경들을 살펴보자.

피터 센지는 학습조직의 중요성에 대하여 "어린이에게 배우는 능력의 부족은 자신의 불행한 일로 그치지만, 조직의 경우에는 치명적인 것일 수 있다. 학습능력의 부족으로 단지 몇몇 기업만이 인간수명의 반 정도로 살아남을 뿐 대부분의 기업은 마흔이 되기도 전에 사라진다"라고 했다.

정보의 양

디지털시대에는 정보의 양을 헤아리기 힘들다. 중세 빅토리아 여왕의 시대에 농부가 한평생 접한 정보의 양이 오늘날 뉴욕타임스의 한 부와 같다는 말이 있다.

그러나 오늘날 이것으로는 매우 부족하다. 도서로 표현되는 지식의 양을 보면, 2011년에 발간된 신간의 종수는 44,036종이다.

이것을 환산하면 하루에 176종이 발행되고, 1시간에 7종이 발행된다는 것이다. 이는 단순히 인쇄되어 나오는 것만을 대상으로 한 것이고, e-Book 형태로 출간되는 것까지 합하면 정보의 양은 엄청날 것이다.

이런 추세로 정보의 양이 매년 100% 증가한다고 하면, 다가오는 2020년에는 정보의 증가 주기가 73일로 단축될 전망이다. 참으로 엄청난 양의 지식이 창출되고 있는 것이다.

디지털시대의 엄청난 지식과 정보를 한 개인이 모두 흡수하여야 하는 것은 아니지만, 개인이 가지고 있는 지식들을 조직이 결합하여 조직적 차원으로 대응한다는 점에서 정보의 흡수는 매우 중요한 것이다.

학습의 필요

산업사회와는 달리 디지털시대에는 자본이 아닌, 사람이 중심이 되는 사회이다. 산업사회에서는 자본이 기업의 경쟁력이었지만, 디지털시대의 지식사회에서는 사람이 기업경쟁력의 원천이 된다.

21세기 기업의 경쟁력은 상품의 질이 아닌 지식의 창출(생산력)에 좌우되기 때문에, 지식인프라 구축에 힘을 쏟아야 한다. 지식근로자를 확보하고 지식인프라를 구축하여야 한다.

이를 위해 학습을 하여야 한다. 개인이든 조직이든 학습을 하여야 한다. 이른바 학습이 필요하게 된 것이다. 경쟁력의 확보를 위해 학습이 필요하고 중요하게 되었다.

학습에서는 무엇이 중요할까? 일본 SONY의 회장(이데이 노부유기)은 學歷(학력)보다 學力(학력)이 중요하다고 말했다. 학습에서는 배우는 힘, 즉 학습능력이 중요하다는 것이다. 이 말은 참으로 우리에게 시사하는 바가 크다. 당신은 배우는 힘이 얼마나 되는가?

경영환경의 급변

디지털시대에는 경영환경이 하루가 다르게 변화한다. 환경이 급격히 변화하는 것이다. 급변하는 경영환경에서는 조직의 생존이 중요하다.

실험실의 개구리를 보자. 냄비에 찬물을 붓고 개구리를 넣은 다음, 천천히 열을 가하면 개구리는 그것에 적응하여 결국에는 죽게 된다. 하지만 냄비에 열을 빨리 가하면 물이 뜨거워 개구리는 튀어나와, 결국에는 살아남게 된다.

이처럼 급변하는 경영환경 속에서 조직이 살아남는 방법은 환경변화에 신속하고 적절하게 대응하는 것이다. 환경변화에 신속히 대응하기 위해서는 학습이 필요하다. 이것이 기업의 경쟁력을 확보하는 길이다.

기업이 급변하는 환경에서 생존하는 방법은 적극적으로 대응하는 것이며, 이를 효과적으로 추진할 수 있는 방법이 학습, 학습조직이라는 것이다.

기업의 환경이 안정적이면, 기업이 보유한 지식·기술·능력으로 경쟁력을 확보할 수 있다. 그러나 기업의 환경이 급변하여 불안정적이라면, 기업은 새로운 기술로서 고객이 요구하는 상품을 개발할 때 경쟁력을 유지할 수 있다.

따라서 기업이 새로이 변화하는 환경에 적응(대응)할 수 있는 능력, 즉 학습능력을 얼마나 갖추었느냐가 조직의 경쟁력 내지 생존을 결정짓는다고 할 수 있다. 조직의 경쟁력 확보를 위해 조직의 학습, 학습능력은 매우 중요하다.

개인의 학습능력이 부족한 것은 개인의 불행으로 그친다. 하지만 조직의 학습능력이 부족하면 조직 전체가 불행해진다. 조직의 불행은 개인의 불행보다 파급력이 크다. 조직의 학습능력은 경쟁력을 확보하는 지름길이라 할 수 있다.

인재의 확보

디지털시대는 사람 중심의 사회로서 사람이 경쟁력인 사회를 말한다. 사람은 더 이상 비용이 아닌 경쟁우위의 원천으로 인식하여야 한다.

여기에서 사람은 기업의 핵심인재만을 말하지 않는다. 핵심인재를 포함한 조직 내의 모든 지식근로자를 말한다. 이들이 기업의 경쟁력이요, 국가의 경쟁력을 결정한다.

지식사회에서 사람이 경쟁력을 갖추기 위해서는 학습을 하여야 한다. 사람이 학습을 하지 않으면 기업의 혁신과 기술발전이 이뤄지지 않아 대량실업이 일어 날 수도 있다. 사람에 대한 투자가 사람의 경쟁력을 강화시킨다.

최근 들어 기업들의 전통적인 경쟁우위 요소의 한계로 경쟁력의 확보가 더욱 어려워지고 있다.

이런 상황에서는 수준 높은 인적자본을 가진 근로자(인재)를 양성하여야 한다. 지속적인 경쟁우위를 창출하는 인적자원은 다음과 같다.

- 가치 있는 인적자원
- 최소한의 인적자원
- 모방이 불가능한 인적자원
- 대체가 불가능한 인적자원

이러한 인적자원의 양성을 위하여 기업들은 학습조직의 기업문화를 만들어가고 있다. 직원들의 경력과 자기개발을 적극적으로 지원하여, 이를 새로운 기업문화 프로그램으로 정착시켜 나가고 있다.

최근에는 중소기업들, 특히 IT서비스 업체들을 중심으로 경력개발제도를 적극적으로 도입하여 역량개발과 인재육성에 힘을 쏟고 있다.

8 학습조직의 일상화

기업경영에서 조직학습이니 학습조직이니 하는 것은 진부한 것이지만, 아직까지도 끊임없이 대두되는 것이 학습조직이다.

많은 경영서적들이 혁신과 학습을 강조하고 있으며, 이들에 대한 검색결과는 매우 놀랍다. 조직학습에 대해서는 대략 820만 개, 혁신에 대해서는 무려 4억6천만 개가 된다고 한다.

이처럼 학습조직이 강조되고 회자되는 이유는 무엇일까? 그것은 아마도 조직학습에 대한 이해가 부족해서가 아닐까 한다. 조직적인 학습을 하는 데 필요한 경영관행을 제대로 실천하는 기업이 많지 않기 때문일 것이다.

개인학습이 구성원 각자의 지식과 경험을 축적한 것이라면, 조직학습은 구성원들이 가진 통찰력과 지식의 공유를 통해 이루어진다. 결국 조직학습은 개인학습의 합계 그 이상이 되는 것이다.

이런 이해를 바탕으로 조직학습을 제대로 하려면 어떻게 하여야 할까? 경영자를 포함한 조직의 리더들은 조직학습을 자신의 책임으로 인식하는 것이 필요하다. 학습이라고 하면 교육 또는 교육부서를 연상하는데, 사실은 그렇지가 않다.

조직학습은 결코 교육만으로 이루어지지 않는다. 인재를 선발하고 그들에게 과업을 부여하고 어떤 경로를 통해 육성할 것인지 등 경력개발계획은 물론, 조직 내에서 생성된 지식을 어떻게 효율적으로 공유할 것인지를 포함하여 시스템적으로 이루어져야 한다.

직원들에게 새로운 것을 시도하도록 장려하고 그 과정에서 실패를 용인하지 않는 경우를 흔히 본다. 직원들에게 새로운 것을 시도하도록 장려하는 것은 당연하다.

하지만 그 과정에서 기본적인 과업과 기술을 익히고 배운 다음에 점차 어려운 문제에 도전하도록 하여야 하고, 그 과정에는 실패가 따르기 마련이다.

이러한 실패를 용인하지 않는 것은 갓난아기에게 두 발로 걸으라고 강요하는 것과 같다. 어린아이가 1,500번을 넘어지고 일어나서야 두 발로 걷게 되는 것처럼, 학습은 새로운 시도와 실패의 반복을 통하여 이루어진다.

구성원의 학습을 통해 조직은 충만한 경험과 지식을 얻게 된다. 즉, 조직학습은 구성원의 경험과 지식의 교류를 통하여 이루어진다.

이를 위해 지식경영시스템과 같은 온라인의 공유채널은 물론 오프라인 채널도 필요하다. 구성원들이 회의나 우수사례발표회 같은 공식적인 만남과 짧은 만남을 위한 공간도 필요한 것이다.

오늘날 지식의 양은 엄청나게 증가하였으며, 그 주기도 점점 짧아질 것이라고 한다.

이러한 현실에서 아무리 우수한 개인과 조직이라 하더라도, 학습하지 않고 그대로 있으면 어떻게 되겠는가? 조직학습을 일상화하는 것, 그것만이 조직의 경쟁력을 확보하는 길이다.

PART 2

지식경영과 학습조직

1 지식의 중요성

산업사회에서 지식사회로 이동함에 따라 최우선의 생산요소가 물적자본에서 지적자본(인적자원)으로 변화하게 되었다. 지적자본이란 교육훈련 및 경험을 통하여 개인이 습득한 지식·기술·능력·태도 등을 말한다. 이들 무형자산은 경제적 가치를 지니고 있다.

오늘날 조직은 이러한 인적자원의 가치를 인식하고 있으며, 그것이 조직의 경영성과를 증대시킨다는 사실을 깨닫고 있다. 그래서 기업들은 학습조직을 적극적으로 도입하여 인재육성을 기하고 있다.

오늘날 지식은 왜 중요한 것일까? 지식의 중요성은 여러 학자들의 정의를 살펴보면 알 수 있다. 먼저 피터 드러커(Peter Drucker)는 새로운 경제사회에서 지식은 "중요한 생산요소이면서 유일하고도 의미 있는 자원"이라고 하였다.

앨빈 토플러(Alvin Toffler)는 지식을 "최고의 권력 원천인 동시에 권력 이동의 핵심"이 될 것이라고 하였다.

그리고 지식경영의 大家(대가)인 노나카(Nonaka)는 지식을 "지속적인 경쟁우위의 원천"이라고 하였다. 특히, 그는 자신의 연구에서 미래에 성공하는 기업은 새로운 지식을 지속적으로 창출하고, 창출된 지식을 전사적으로 확산시키며, 이를 바탕으로 새로운 제품과 기술을 지속적으로 만들어내는 기업이라고 강조하면서, 이를 지식창조 기업이라고 하였다.

2 지식경영과 조직학습

지식경영은 지식이라는 조직의 무형자산을 극대화하기 위하여 지식의 창출·공유·활용을 통하여 개인과 조직의 경쟁력을 함께 높이기 위한 기업의 경영혁신운동이라 할 수 있다.

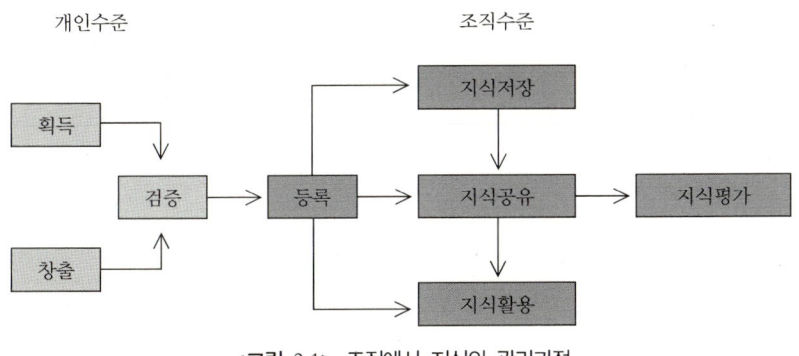

<그림 2-1> 조직에서 지식의 관리과정

조직에서 지식이 관리되는 과정을 보면 <그림 2-1>과 같다. 개인 차원의 지식(아이디어/의견)이 검증되어 조직의 지식으로 등록이

되면, 이 지식은 저장·공유·활용이 된다. 지식이 활용된 결과는 평가되어 다시 저장이 된다. 이 과정에 개인과 조직의 지식수준이 향상되고 그 결과 조직의 부가가치가 높아진다.

개인수준의 지식이 조직수준의 지식으로 발전된다는 것은 지식의 체계를 보면 알 수 있다. 지식의 체계는 <그림 2-2>와 같이 자료－정보－지식－지혜로 구성된다.

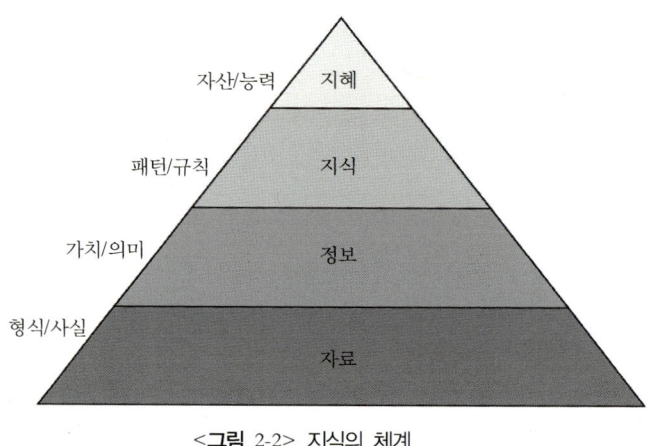

<그림 2-2> 지식의 체계

구성원 개인의 지식은 단편적인 자료로서 그것을 이용자의 목적에 맞도록 가공하면 정보가 된다. 이 정보를 집적하고 체계화하고, 미래의 사용에 보편성을 갖도록 하면 조직의 지식이 된다. 이 지식이 조직의 문제해결을 위한 능력으로 사용되면 지혜가 되는 것이다. 지식보다는 한 단계의 상위개념이 지혜인 것이다.

이처럼 개인수준의 지식이 조직수준의 지식으로 발전하는 것은 학습을 통해서 가능하다. 조직학습을 통하여 개인적 지식이 조직적 지식으로 변환되어 구성원 모두가 지식을 공유하게 된다. 이것은 조직학습의 순환과정을 거쳐서 이루어진다.

조직학습의 순환과정은 <그림 2-3>과 같다. 개인이나 집단이 조직 외부로부터 얻은 지식이나 자체의 경험에서 배운 지식을 흡수 가공하여 새로운 지식의 형태로 창출(지식의 창출)되면, 새롭게 창출된 지식을 조직 내의 다른 개인이나 집단이 공유(지식의 공유)하게 된다.

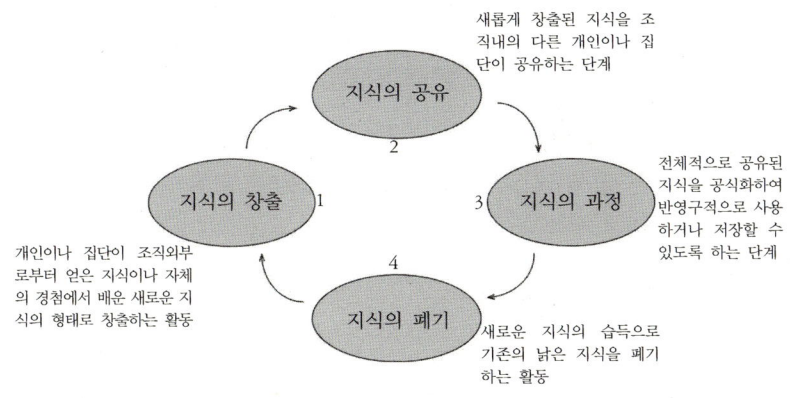

<그림 2-3> 조직학습의 순환과정

전제적으로 공유된 지식을 공식화하여 반영구적으로 사용하거나 저장할 수 있도록(지식의 저장) 한 다음에는, 새로운 지식의 습득으로 기존의 낡은 지식을 폐기(지식의 폐기)하는 일련의 순환과정을 거치게 된다.

학습조직에서는 묵시적 지식에서 명시적 지식으로의 전환, 개인적 지식에서 조직적 지식으로의 전환, 그리고 각 지식 간의 상호교

류가 이루어져 조직적 지식의 창출·공유·저장·폐기 등을 거쳐 지식의 재창출이 이루어진다.

변화하는 환경에 능동적으로 적응하고 나아가서 환경의 변화를 주도하기 위하여 조직은 부단한 학습을 통해 새로운 지식을 획득·창조해야 하는 것이다.

따라서 조직학습과 지식경영은 결국 조직의 경쟁우위의 원천으로서 지식을 강화하고 이러한 지식의 습득 및 활용을 중요시한다는 점에서는 동일하다고 할 수 있다. 또한 학습조직과 지식경영은 모두 경영혁신의 도구라는 것이다.

지식은 학습의 대상이자 학습의 결과물로서, 지식경제시대의 도래와 함께 중요해지고 있으며, 지식의 창출을 위해서는 학습이 매우 주요한 방법이다. 지식의 창출과 공유, 활용을 위해서는 학습조직의 구축이 필요하다.

3 지적자본

기업이 체계적인 지식경영을 추구하기 위한 지적자본은 인적자본, 구조적 자본, 고객자본 등으로 구성된다(<표 2-1> 참조). 먼저, 인적자본은 한 기업 조직을 구성하고 있는 구성원들이 보유하고 있는 지식·노하우·스킬·가치관 등을 의미한다.

<표 2-1> 지적자본의 구성

인적자본(Human Capital)	인간의 두뇌 속에 있는 지식/재능
구조적 자본(Structural Capital)	기업조직의 차별적인 프로세스와 역량에 포함된 노하우
고객자본(Customer Capital)	사업고객관의 관계로부터 창출되는 가치

구조적 자본은 인적자본을 확대 재생산하는 조직의 체계 및 프로세스로서 조직 내에 고유하게 형성된 노하우 및 역량이라고 할 수 있다.

그리고 고객자본은 사업 고객과의 관계에서 발생하는 가치로서 자사가 제공하는 제품 및 서비스에 대한 고객의 가치 인식, 고객의 니즈 등에 관한 정보가 이에 해당된다.

인적자본은 조직의 의지에 따라 통제·관리하기가 매우 어려운 반면, 구조적 자본과 고객자본은 조직의 차원에서 체계적인 관리가 가능한 대상이라 할 수 있다.

구조적 자본 측면에서의 대표적인 사례로는 새로운 국가의 사무소 개설기간을 7년에서 1년으로 줄일 수 있는 지식체제인 '프로토타이핑'시스템을 구축한 스칸디아와 기업 수준의 전문가 디렉토리인 '옐로우 페이지'를 활용하는 휴렛팩커드가 있다.

또한 고객자본 측면에서는 대표적인 사례는 고객정보에 기반 한 사업의 전개를 특징으로 하는 델 컴퓨터가 있다. 델(Dell)은 중간상을 거치지 않고 고객과 직접 접촉하여 제품을 판매하는, 이른바 고객자본을 활용하는 직접사업방식(Direct Business Model)을 채택하여 비약적인 성공을 거두었다.

델이 지식·정보를 축적하고 활용하는 지식경영 기업으로서의 특징을 가장 극명하게 보여주는 사실은 고객에 대한 서비스와 제품의 품질을 위해서 고객의 피드백을 지속적으로 추구한다는 점이다.

4 지식경영의 특징

지식경영을 성공적으로 수행하고 있는 선진 기업들은 공통적인 특징들을 가지고 있다. 공통적인 특징 5가지 — 지식의 조직화, 경영 프로세스 중심의 지식관리, 지식 중심의 기업문화 조성, 지식자산의 가치평가, CKO — 는 다음과 같다.

지식의 조직화

지식경영의 기본은 사내에 흩어져 있는 각종 지식을 발굴·공유·전파함으로써, 그것을 기업 내부에 축적하는 것이다. 특히 구성원 개개인이 보유하고 있는 노하우와 같은 암묵지를 형식지로 전환시킬 필요가 있다.

여기서 중요한 점은 지식의 조직화에는 문화·기술·측정·리더십 등이 관련되어 있다는 점이다. 기업경영의 주요 사항들이 지식경영과 유기적으로 관련을 맺을 때, 진정한 의미의 지식의 창출·공유·축적·재생산이 이루어진다.

글로벌 석유화학 기업인 셰브론의 경우, 지식경영의 출발점을 지식의 창출과 조직화로 삼았다. 사내에 '베스트 프랙티스 지도(Bost Practice Map)'를 제작하여 배포한 뒤에 지속적으로 업그레이드시켰고, 지식을 순환하는 과정 중 어느 한 부분이 막히게 되면 곧바로 전 조직에 걸친 태스크포스팀이 형성되어 문제해결에 집중하였다.

경영 프로세스 중심의 지식관리

지식 그 자체로서는 사실 의미가 없다. 또한 단순히 지식을 축적하기만 해서는 살아 있는 지식으로서의 기능을 발휘하지 못한다. 지식이 경영 프로세스와 관련을 맺고 경쟁력 제고에 이바지할 때 비로소 의미가 있는 것이다.

의약품, 농약 등과 같은 정밀화학 제품을 만드는 몬산토의 경우는 각 제품이 생산되어 사용되는 과정 전반에 걸쳐 필요한 지식의 내용과 기능을 조사하여 설정함으로써 지식관리의 범주를 명확히 하였다.

이때 지식을 특정 프로세스에서 중요한 역할을 담당하는 지식과, 전 프로세스에 걸쳐 공통적으로 적용되는 지식으로 분류하여, 각기 다른 지식관리 접근법을 택하였다. 이 과정에는 연구직뿐만 아니라 생산직과 일반관리직도 참가하였다.

지식 중심의 기업문화 조성

정보기술의 발달로 지식경영시스템을 구축하기가 한결 용이해졌다. 그룹웨어, 인트라넷 등이 그 대표적 수단들이다. 그러나 이러한 시스템이 구축되었다고 만사가 해결되리라고 낙관할 수는 없다.

결국 시스템을 운영하는 것은 사람이기 때문에 사람들의 의식이 뒤따라주지 않는다면 정보시스템은 무용지물(無用之物)이 될 가능성이 크다.

시스템·프로세스·사람 전반에 걸쳐 큰 영향을 미치는 것이 있는데, 그것이 바로 문화이다. 지식 중심의 기업문화는 다음의 3가지에 초점을 맞추어야 한다.

첫째는 창조적 문화의 형성이다. 조직 내부적으로 지식창조를 중요시하는 기업문화를 형성함으로써 지식창조 능력을 키울 수 있어야 한다.

둘째는 공유문화의 형성이다. 지식과 정보가 공유될 때 지식의 창조와 활용이 가능하게 된다. 따라서 조직구성원들이 자발적으로 각자가 보유하고 있는 지식과 이에 대한 정보를 다른 구성원들에게 신속하게 제공할 수 있는 문화가 형성되어야 한다.

셋째는 협력문화의 형성이다. 이 시대의 과업은 집단 중심으로 설계되고 있으며, 과업의 상호의존성 또한 상당히 심화되어 가고 있기 때문에, 자신이 속한 부서에서 다른 구성원들과의 협력을 강조하는 문화가 형성이 되어야 한다.

특히, 휴렛팩커드는 모든 구성원들이 지식 중심의 기업문화에 대하여 신뢰하고 있으며, 이를 바탕으로 지식경영을 실천하고 있다. 조직별 지식관리자들은 정기적으로 워크숍을 개최하여 회사 내에 존재하는 지식에 대한 상이한 개념을 정립하는 것을 시발점으로 지식경영을 시도하고 있다. 그리하여 지금은 자유롭고 개방적인 회사 분위기 속에서 전 구성원이 자발적으로 지식과 정보를 활발하게 공유하고 있다.

지식자산의 가치 평가

인적자원인 지식의 가치를 평가하기는 용이할까? 인적자원은 고정자산이나 유동자산의 경우처럼, 정형화된 기준이나 방법이 부족하여 인적자원의 가치를 측정하는 것이 매우 어렵다.

다시 말하면, 물적자원은 감가상각이 되고 재정적 자원은 조직의 순가치를 나타내지만 인적자원은 그렇지가 못하다.

그러면 지식자산의 가치는 얼마나 될까? 런던대학교 경영대학원의 핸디 교수는 보이지 않는 무형자산인 지식자산이 장부 가치의 3~4배에 달한다고 한다. 그리고 다트머스대학교의 퀸 교수는 기업 부가가치의 3/4은 지식으로부터 창출된다고 하였다.

따라서 기업가치의 중요한 부분을 차지하는 지식자산의 가치를 평가해 봄으로써 진정한 기업의 가치를 파악할 수 있으며, 기업가치의 증대가 주로 무엇에 기인하는지 알 수 있다.

현재 지식자산을 평가하는 여러 가지 방법론이 제시되고 있다. 평가의 대상이 특허권과 같은 구체적인 지식자산에만 국한되는 것도 아니다.

조직구성원이 개별적으로 가지고 있는 암묵지가 경영 전반에 미치는 영향의 정도를 평가해 보아야 한다. 평가를 통하여 보완이 필요한 지식, 잉여 지식, 강화하여야 할 지식 등을 파악할 수 있다.

CKO의 선임

지식관리총괄책임자(CKO: Chief Knowledge Officer)는 기업 내부

의 지식을 발견하고 창조하며 전파하고 활용하는 책임을 지며, 제도적 장치나 인프라를 마련하여 지식을 기업의 주요 자산으로 구축하기 위한 전략적인 정책수립 기능을 담당한다.

CKO는 기존에 존재하던 CIO(Chief Information Officer)와 그 기능이 일부 중복되는 경우도 있다. 그러나 CIO가 주로 정보기술을 활용한 정보자원관리 등 기술적인 면에 좀 더 중점을 두는 반면, CKO는 지식의 창조와 전략적 활용의 측면에 더 중점을 둔다.

따라서 사내 교육훈련과 같은 단편적 지식관리 활동의 차원에서 머무는 것이 아니다. 지식경영과 관련된 업무들의 전략적 우선순위를 결정하고, 지식경영의 하부구조(infrastructure)를 구축하며, 지식경영에 대한 CEO의 지속적인 지원을 확보하는 역할을 수행하게 된다.

5 지식경영의 사례

지식경영의 사례로서 이랜드를 들 수 있다. 이랜드의 신화 비결은 지식경영에 있다. 8개 법인, 31개 브랜드로 구성된 이랜드 그룹은 극심한 경기불황인 현재 다른 기업의 부러움을 사고 있었다.

매출 증가율보다 순이익 증가율이 4배 이상 높게 나타났으며, 직원 1인당 부가가치는 1998년에 비해 11배 이상 상승했다. 이런 눈부신 경영성과를 거둔 배경에는 무엇보다도 1999년부터 도입한 지식경영 체제가 크게 기여하였다.

지식경영시스템(KMS: Knowledge Management System)의 가장 큰 공헌은 회사의 목표를 개개인에게 연결시켜 보여준 것이었다. KMS를 도입하자 가치사슬의 흐름이 바로 드러났다.

그 결과, 직원들은 그때그때 적절하게 목표를 조절할 수 있게 됐다. 매장들은 제품이 나오는 즉시 반응을 점검해 가격과 생산량을 적당히 조정하고, 재고를 없앰으로써 매장의 순이익을 높일 수 있었다. 또한 디자이너들은 자신이 만든 디자인이 얼마나 팔려 나가는지 바로 확인하여 다음의 디자인에 참고할 수 있었다.

매장별·개인별 실적은 더욱 투명하게 드러났다. 실적이 잘 보이니 인센티브도 모든 직원들이 공감할 수 있는 수준으로 지급되었다. 한 디자이너는 성과 상여금으로 급여의 800%를 받았다. 그가 속한 언더우드 사업부가 BSC 종합평가에서 1위를 차지했기 때문이었다.

성과가 눈에 보이자, 직원들은 실적을 높이는 데 적극적인 관심을 나타내었다. 이때부터 지식경영이 빛을 발하기 시작했다. 직원들은 KMS 사이트에 서로 궁금한 점을 묻고 답하면서 시행착오를 줄여나갔다.

직원들은 자신의 노하우와 지식은 다른 직원한테 전수해 주고, 모르는 것은 배웠다. 어떤 의류 브랜드 직원은 전국 매장을 가장 빠르게 순회하는 방법을 사이트에 올렸다. 한 직원은 수박 진열을 멋지게 하는 방법에 대한 질문을 올렸다.

사내강의는 활발하게 진행되었다. KMS 사이트에는 하루에 5~6건의 새로운 강의의 개설공지가 뜨고 있다. 이렇게 배우고(Learn), 사용하고(Use), 가르치고(Teach), 점검하는(Inspect) 활동은 이랜드가 개발한 LUTI 지수로 직원들 PC에 나타난다. 그리고 이 지수는 인사고과에 반영된다.

6 학습조직의 유형

학습조직은 크게 2가지로 구분할 수 있다. 하나는 지식거래로서 조직 내의 지식시장 메커니즘을 통한 지식의 이전과 공유를 강조하는 입장이다. 다른 하나는 구성원 간의 강한 신뢰·애정·배려 등이 특징인 공동체적 문화를 통한 지식창출을 강조하는 입장이다.

지식거래형 조직

지식거래형 조직에서는 기본적으로 지식의 창출·확보·활용을 개인적 차원에서 이루어지는 것으로 본다. 따라서 개인 간의 지식이전이 지식경영의 가장 중요한 과제가 된다.

이때 지식이전은 지식의 저장고(Knowledge Pool)를 통해 간접적으로 이루어지기도 하고 개인들 간에 직접적으로 이루어지기도 한다. 어느 경우이든 중요한 것은 지식거래 메커니즘을 정립하여 지식이전이 활발히 이루어지도록 하는 것이다.

지식공동체형 조직

지식거래형 조직의 경우 지식창출의 주체를 개인 단위로 인식하는 반면에, 지식공동체형 조직의 경우에는 집단 차원의 지식창출을 중시한다. 즉, 지식은 개인이 혼자 창출하는 것이 아니라 개인들 간의 상호작용 속에서 창출되는 것으로 인식한다.

또한 지식은 창출하는 과정에서 공유되고 활용하는 과정에서 새로운 지식이 다시 창출되기 때문에, 지식의 창출하고 공유하고 활용하는 과정이 엄밀하게 분리될 수는 없는 것으로 본다.

이상의 2 형태의 학습조직 중에서 어느 방향으로 조직이 변화할지는 지식경영을 통해 추구하는 지식의 속성에 따라 달라질 수 있다.

예를 들어 암묵적인 요소가 많은 지식인 경우에는 지식거래형 조직보다는 지식공동체형 조직이 적합하다. 지식거래를 통해 이전이 가능한 지식은 어느 정도 구조화되고 형식화된 지식이기 때문이다.

반면에 형식화된 지식이 신속하게 이전되고 활용되기 위해서는 지식거래형 조직이 적합하다. 지식공동체형 조직은 기본적으로 사람들 간의 상호작용을 기반으로 하기 때문에 형식화된 지식의 전파에는 비효율적인 면이 있기 때문이다.

그런데 현실적으로는 기업이 2가지의 학습조직 중에서 어느 하나를 선택하여 추구하기보다는 2가지를 모두 활용해야 할 경우가 많다.

이는 한 기업 내에서 경영프로세스상 단계별로 필요한 지식의 성격이 암묵적일 수도 있고, 형식적일 수도 있으며, 그에 따라 적합한 조직의 메커니즘이 달라지기 때문이다.

7 창의적인 학습조직

창의적인 조직이란 무엇인가? 어떠한 학습조직이 창의적인가? 창의적인 조직이란 색다르거나 특별한 조직이 아니다.

조직에서 발생하는 여러 형태의 문제들을 해결하기 위하여 창의적인 아이디어를 생산하고, 이를 실천하는 조직이 창의적인 조직이다. 이른바 문제해결형 조직이 창의적인 조직인 것이다.

조직의 문제들을 해결하려면 분석적 능력이 요구되는데, 이를 위해 개인은 끊임없는 학습을 하여야 하고, 조직은 개인의 이러한 노력을 지원해주어야 한다. 직원들을 교육시켜서 인재를 만들어 놓으면 보다 좋은 기업으로 옮겨가니까 인재로 키울 필요가 없다고 말하는 기업의 경영자도 있다.

과연 이런 기업에서 제대로 된 상품과 서비스를 만들어낼 수 있을까를 생각해 보아야 한다. 조직원이 자유롭게 학습할 수 있는 환경과 분위기를 만들어 주어야 진정 창의적인 조직으로 발전할 수 있다.

창의적인 조직이란 다음의 문화를 가진 조직으로, 구성원들은 이를 실천할 수 있는 조직을 만들어 가야 한다.

- 학습하는 문화
- 학습을 장려하는 문화
- 전문가로 키우는 문화

삼성물산은 창조적 학습조직(Creative Learning Organization)이라는 제도를 만든 적이 있다. 이는 업무의 학습이 필요한 부분에 대하여 관심 있는 사람들이 목표를 정하고 관련된 역량을 심화하는 제도이다.

삼성물산은 당시 창의적 학습조직에 대하여 다음과 같이 정의를 내렸다.
- 당사 중장기 전략의 실행을 위해 사전 학습이 요구되는 산업기술경영에 대한 전문지식과 정보를 체계적으로 습득하고 조직자산화하는 당사 특유의 학습조직
- 경영상의 문제해결과 재무성과를 창출하는 성과지향적 학습조직
- 조직 간 협업을 통해 사업시너지를 창출하는 벽 없는 조직

삼성물산의 CLO 도입배경은 급변하는 환경에서 끊임없이 신사업을 추진해야 하는 삼성물산의 특성과도 관련이 있다.

이를 위해 필요한 것이 전문역량과 실행력이며, 개인과 조직 모두가 노력해야 할 부분이었다. 이 부분에 구성원들의 창의적인 아이디어가 필요했다.

일반적으로 창조적 학습조직(CLO) 활동은 다음의 프로세스를 거치게 된다.
- 학습과제의 선정
  (1년간 추진할 학습테마의 선정)

- 팀원의 구성

  (활동계획의 수립)
- 산출물과 학습자료의 등록

  (활동 단계별로 산출할 결과물의 목록과 학습할 자료의 등록·
  관리)
- 활동상황의 점검

  (학습활동을 위한 정기적 모임(오프라인미팅)의 점검)
- 학습활동의 종결

  (연간 활동을 보고하고 최종 산출물 도출)
- 학습활동의 평가

  (1년의 학습활동의 결과를 평가하고 우수사례 팀에 대한 시상)

PART 3 | **학습조직의 효과**

1 학습조직에 대한 반성

기업(조직)에서 학습조직 활동이 제대로 되지 않은 것에는 몇 가지 이유—일과 학습이 별개라는 인식, 긴급성이 아닌 당위성의 과제 선정, 팀장의 무관심, 과제 설계의 문제 등—가 있다.

업무와 학습이 별개라는 인식

학습조직이 과제를 선정하고 팀을 구성한 후 활동이 되지 않는 주된 이유는 학습조직 활동이 업무(일)와 별개로 진행되기 때문이다. 대부분 조직들은 학습조직을 하기 위하여 주제(과제)를 선정하고, 그 활동을 위해 모임을 갖는다.

그런데 학습조직 활동에 참여하다 보면 점차 자신의 업무가 바빠서 학습활동에 소극적인 반응을 보이고, 심지어는 참석을 하지 않는 상태로 발전하게 된다. 결국 학습조직의 활동은 유명무실한 것이 되어 버린다.

학습과 업무를 별개로 인식하게 되는 것은 조직(기관)에서 학습조직을 구축하기로 결정하면, 학습조직을 위한 팀을 의무적으로 구성해야 하고, 학습조직 활동을 위해 과제를 선정하게 된다.

이때 팀의 목표와는 관계가 없는 과제가 선정되어, 구성원은 일과 학습을 병행하여야 한다. 결국은 학습과 일을 별개로 여기게 되어, 학습조직 활동이 활성화되지 않게 되는 것이다.

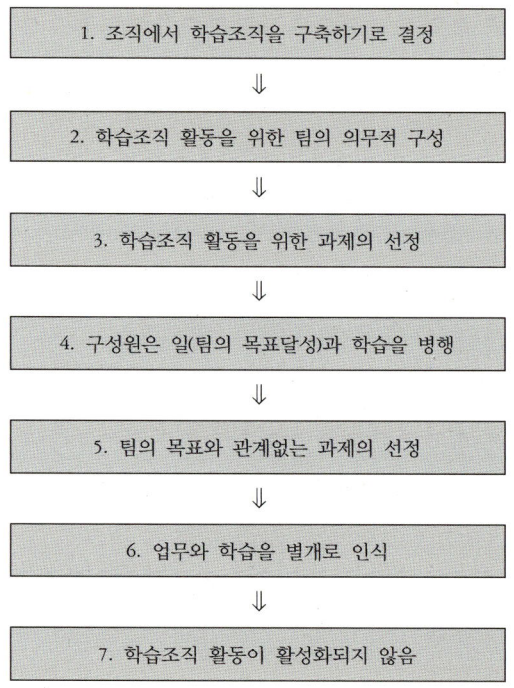

당위성 과제의 선정

많은 조직에서 학습조직 활동을 추진하기 위해 선정된 과제의 내용을 보면, 대부분이 당위성 과제를 주제로 하고 있다. 당위성 과제란 '당연히 해야 하는 과제'또는 "꼭 했어야 하는 과제" 등으로 원래 다루어야 하는 과제인데, 여러 가지 사정으로 그렇게 하지 못한 과제를 말한다.

이런 주제로 조직들이 학습조직 활동을 하다 보면, 당위성의 과제에 익숙하게 되어 긴급성의 과제는 수행하지 않게 된다.

긴급성의 과제는 기관이나 팀의 목표와 관련된 기관장의 지시사항이나 이행과제로서, 긴급하게 수행해야 할 과제를 말한다. 팀이 긴급을 요하는 업무(일)를 하다 보면, 긴급한 과제만을 수행하게 되고 그 외의 과제에는 관심을 두지 않게 된다.

일반적으로 학습조직이 당위성 과제만을 다루게 되면, 긴급성 과제는 업무(일) 때문에 진행이 안 되게 되어 있다. 긴급성 과제를 선정하게 되면, 아무리 일이 바빠도 학습조직 활동은 하게 된다.

팀장의 무관심

학습조직의 활동이 제대로 되지 않는 조직을 보면, 대개 팀장들이 거의 무관심하다. 조직은 주로 팀 단위로 움직이게 되는데, 팀장이 관심을 보이지 않는다는 것은 학습조직 활동에는 치명적인 약점이 된다.

팀장은 왜 학습조직에 관심을 갖지 않는 것인가? 그것은 학습조직의 필요성을 충분히 이해하지 못하는 것도 있지만, 보다 결정적인 것은 학습조직이 달성해야 할 과제가 팀장에게는 관심이 없는 당위성 과제이기 때문이다.

팀장은 긴급한 것을 수행하기 위하여 의사결정에 많은 시간을 투자하는데, 당위성 과제는 의사결정의 우선순위에서 밀리게 되어 있다. 따라서 팀장이 관심을 가지는 주제를 학습조직의 과제로 삼아야 한다.

과제설계의 문제

학습조직의 과제는 그 범위가 적절해야 한다. 그런데 학습조직 과제로 선정된 주제들의 범위를 보면 너무 광범위한 경향이 많다. 주제가 광범위한 범위로 선정된 주된 이유는 당위성 과제를 선정하기 때문이다.

사실 당위성 과제는 실행보다는 왜 그동안 하지 않았나 하는 현상 파악 및 원인분석 중심의 작업이 된다. 그러다 보니 주로 원론적인 수준에서 맴돌게 된다. 과제의 범위가 크면 실행하기가 매우 어려워져, 어디부터 손을 대야 할지 모르게 된다. 결국은 주제를 선정하고 그것을 해결하기 위해서 맴돌다가 학습조직 활동을 포기하게 되는 것이다.

과제의 범위가 지나치게 크면, 무엇이 문제인지 파악하기 어려워 아무것도 결정하지 못하게 된다. 반대로 과제의 범위가 좁으면, 중요한 사항을 무시하기 쉬워 해답은 좋아도 문제에 대한 해답은 아니게 된다.

따라서 과제의 범위는 적절하여야 한다. 실행이 가능한 범위 내에서 과제의 범위를 조절하여야 한다. 실행은 하나하나씩 하는 것이지, 한꺼번에 하는 것이 아니다. 하나하나씩 실행이 가능하도록 주제를 세분화할 필요가 있다. 과제의 범위가 적절하면 중요사항을 충분히 포착할 수 있으며, 중요한 사안에 주의를 집중할 수도 있다.

2 조직의 학습효과

조직의 학습효과는 조직의 학습문화와 학습경험에 의하여 영향을 받는다. 조직의 학습문화는 저마다 서로 다른 관점이 많아 상호 간의 이해와 교류를 통해 학습문화를 증대시켜 준다.

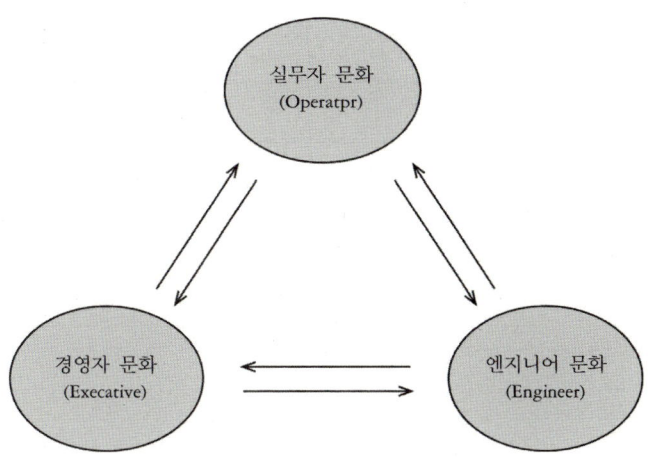

자료: Edger H. Schein, Three Cultures of Management.

<그림 3-1> 조직의 학습문화

쉐인(Edger H. Schein)에 의하면, 기업에는 3가지의 문화가 있다고 한다(<그림 3-1> 참조). 먼저 실무자 문화(operator culture)는 조직의 성공적인 경영 저변에 깔려 있는 조직 내부의 전반적인 문화이고, 경영자 문화(executive culture)는 조직의 CEO와 임직원들의 문화이고, 엔지니어 문화(engineering culture)는 핵심기술을 다루는 디자이너와 과학기술자의 문화라고 한다.

그런데 조직이 학습에서 실패하는 가장 결정적인 이유는 이 3가지 문화가 조화를 이루지 못하기 때문이다. 이들 문화의 구성원들은 상대의 문화를 깊이 이해하지 못하고, 개인의 문화에서만 업무를 이해하는 경향이 강하기 때문이다.

예를 들어, 경영자 문화는 조직의 재무건전성에 초점을 두고, 엔지니어 문화는 창조적인 기술변화에 초점을 두어, 서로 간의 가치관에 비추어볼 때 바라보는 학습조직이 다르게 된다.

하지만 이런 차이를 극복할 때 조직의 학습효과는 증진된다. 서로가 상대의 문화를 깊이 이해하고 모든 문화의 구성원들이 함께 실행할 수 있는 해결책을 찾는 것이 3가지 문화의 조화를 이루는 방법이다.

3 학습문화와 경영성과

　학습문화와 경영성과 간에 어떠한 관계가 있을까? Bersin & Assoicates 의 최근 연구(Study High Impact Learning Culture, 2010)에서 학습 문화(정보의 창조와 공유 그리고 모든 형태의 구성원 능력개발 활동 의 총체)와 경영성과 간에 의미 있는 상관관계가 있음이 밝혀졌다.

　강한 학습문화를 가진 기업은 구성원 생산성에서 37%가 높았고, 32%는 시장에서 1등 기업이었다. 그리고 17%의 기업은 자신의 사 업 분야에서 시장리더였다.

　이 연구에서 연구자는 학습문화가 큰 비용을 들이지 않고도 경영 성과의 증진에 많은 기여를 한다는 점을 기업들이 잘 알지 못한다고 말한다.

　조직에서 학습문화를 책임지는 사람은 누구인가? 학습문화에 가 장 큰 영향을 미치는 것은 HR 부서가 아닌 최고경영자의 리더십과 현장 경영관리자라고 연구보고서가 말한다.

　40개의 성공사례 중에서 32개의 사례가 조직의 HR 부서가 아닌 경영진과 일선 관리자에 의해 학습문화가 관리되고 있음을 보여준다.

따라서 조직의 학습문화에 가장 큰 영향력을 미치는 최고경영자에게는 조직의 학습문화를 증진시키도록 하여야 하며, 일선 관리자들에게는 단위 조직들의 학습문화를 개선하기 위한 절차를 알려주는 것이 필요할 것이다.

HR 담당자나 조직만으로는 조직의 학습문화를 관리하는 데 한계가 있다. HR 담당자는 학습문화의 성공적인 정착을 위해 최고경영자의 도움을 적극적으로 요청하여야 한다.

4 조직개선의 성과

성과의 평가단계

학습조직은 일정한 프로세스에 따라 이루어지도록 인프라를 구축하는 것이 필요하다. 학습조직을 통하여 개인지식과 조직지식이 창출되고, 조직문화와 업무 프로세스의 개선을 통해 조직성과에 기여한다.

조직성과에의 기여는 학습조직 활동의 성과를 측정(평가)함으로써 이룰 수 있다. 학습조직 활동의 성과는 학습 주제(과제, 테마) 및 활동의 성격을 고려하여 평가하여야 한다.

만일 학습조직이 토론형인 경우는 팀원의 참여 정도를 중심으로 평가한다. 그리고 학습조직이 문제해결형인 경우는 성과의 정도를 중심으로 평가하여야 한다.

학습조직을 통한 조직개선의 효과를 단계별로 살펴보면, 다음의 4단계 - 외재화, 종합화, 내재화, 사회화 - 로 설명할 수 있다(<그림 3-2> 참조).

외재화 단계는 개인의 역량이 조직의 역량으로 변화하는 단계로서, 구성원의 역량개발이 이루어진다. 이 단계의 평가요소는 조직지식의 창출 정도가 된다.

종합화 단계는 조직역량이 조직혁신으로 변화하는 단계로서, 이들 역량의 종합화를 통해 혁신적인 프랙티스(practice)가 창출되며, 도전의식과 창의력이 제고된다. 이 단계의 평가요소는 조직역량의 제고정도와 문제해결의 달성이다.

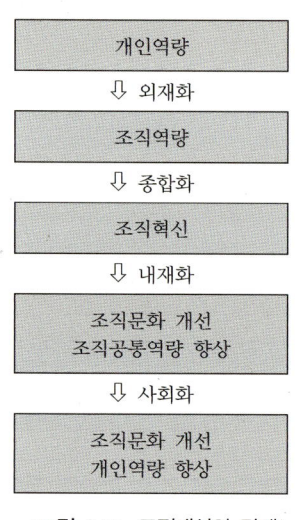

<그림 3-2> 조직개선의 단계

내재화 단계는 조직혁신이 개인역량의 향상과 조직문화의 제고로 변화되는 단계로서, 소속감의 신뢰도가 향상된다. 이 단계의 평가요소는 개인역량과 활동의 참여도이다.

사회화 단계는 개인역량이 조직 공통역량으로 변화하고 조직문화가 제고되는 단계로서, 보유역량이 향상되게 된다. 이 단계의 평가 요소는 지식을 활용하고 공유하는 정도이다.

실천과제

학습조직의 공식화를 통한 학습조직문화가 조직성과에 기여하도록 하기 위한 실천과제는 다음의 3가지를 들 수 있다.

첫째, 학습조직을 통해 얻고자 하는 목적을 우선적으로 고려한다. 조직의 전략적 방향성에 따라 우리 조직에 필요한 것이 무엇이고 학습조직을 통해 그 필요한 것들을 채워갈 수 있는가에 대한 고려가 우선시되어야 한다.

둘째, 참여인원의 자발적 몰입을 유도하여야 한다. 학습조직의 공식화를 추진하는 과정에서 가장 문제가 될 수 있는 부분이 참여의지의 순수성이다. 조직 내의 정치적 이해관계에 따라 형식적으로 참여하는 경우가 있다.

팀원들의 자발적 참여를 유도하기 위해 초기 단계부터 세밀하게 구성원들의 수요를 파악하여, 이를 바탕으로 개인의 욕구와 조직의 필요를 일치시켜 가는 작업이 선행되어야 한다.

셋째, 시행과정 및 결과에 대한 피드백을 공유하여야 한다. 학습조직이 지속적으로 이어지지 못하는 원인 중의 하나가 과정과 결과에 대한 피드백이 미흡하기 때문이다.

지금 무엇을 잘하고 있으며, 무엇이 부족한가에 대한 구성원들 간의 교감이 이루어질 때, 그들의 참여동기가 일어날 수 있다. 학습활동의 의미 있는 결과 값을 공유하고 함께 성장해 나가기 위한 모티브를 지속적으로 발굴해 나가야 한다.

가장 바람직한 조직문화는 조직이 학습하는 문화이고, 가장 바람직하지 않은 조직문화는 조직이 학습하지 않는 문화이다. 학습하는 문화만큼 가장 바람직한 조직문화는 없다.

만일 당신이 직원들과 함께 학습을 한다면, 자연스럽게 당신 본인은 물론 직원들의 역량도 향상되고, 직원의 역량 향상은 조직의 성장발전으로 이어질 것이다.

좋지 않은 조직문화는 크게 2가지가 있다. 하나는 이기심으로 가득 차 조직의 앞날에 관심을 가지지 않는 조직문화이고, 다른 하나는 조직의 성장을 위해 직원의 희생을 요구하는 조직문화이다.

5 학습조직의 구축 사례

유한킴벌리

유한킴벌리의 교대조 확대는 그 당시 대개혁이었다. 노사협의를 통하여 근무시스템을 바꾸었다. 기존의 8시간씩 3교대로 일하는 3조 3교대에서 12시간씩 2교대로 일하는 4조 2교대로 전환하였다. 4일 동안 매일 2개 조는 일을 하고 나머지 2개 조는 학습에 투입된다 (<그림 3-3> 참조).

교대조가 3개조에서 4개조로 확대되면서 인건비는 증가한다. 3개 조가 4일을 근무하면12명(4×3)의 인원이 필요하지만, 4개조가 4일을 근무하면 16명(4×4)이 필요하다.

교대조가 확대되면서 인건비는 33.3% 증가하였다. <그림 3-4>를 보면 인건비는 15%에서 20%로 증가하였음을 알 수 있다.

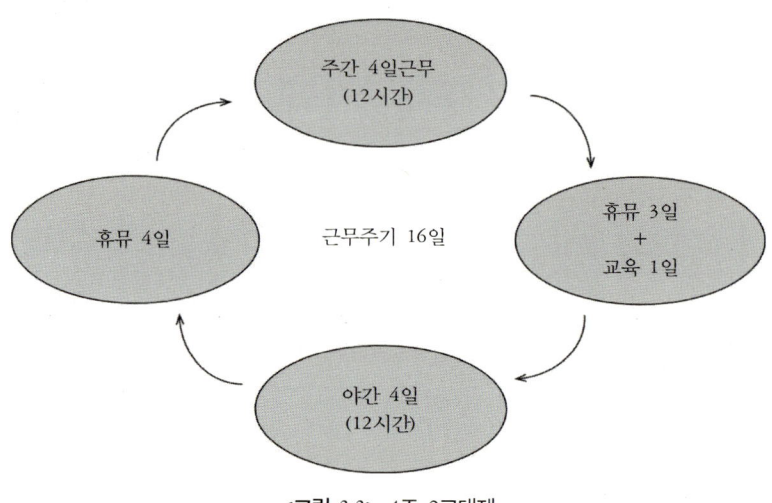

<그림 3-3> 4조 2교대제

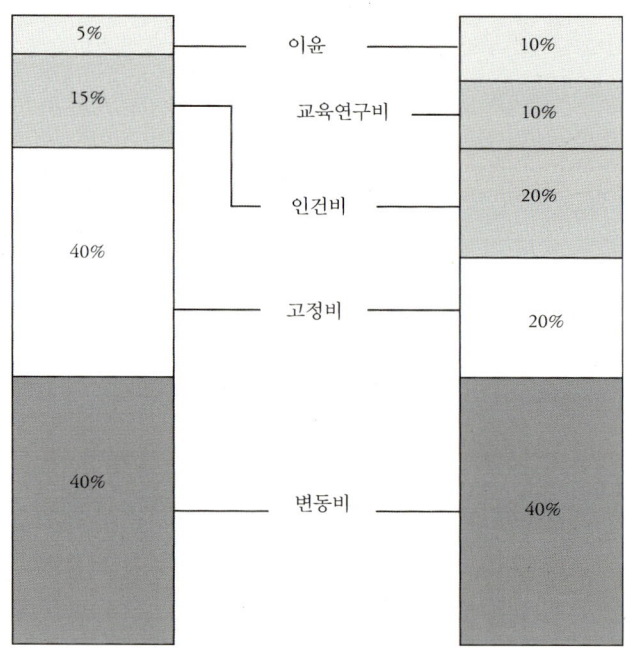

<그림 3-4> 교대조의 확대에 따른 비용의 증감

그러면 유한킴벌리는 인건비의 증대에도 불구하고 교대조를 확대한 이유는 무엇일까? 그것은 바로 그림에서 보듯이 고정비의 감소이다. 4개조 2교대에서는 하루 12시간씩 24시간 연속적으로 일하게 되어 1년 내내 가동할 수 있다. 그 결과 생산일수가 종전의 260일에서 350일로 90일이 증가하여, 고정비는 40%에서 20%로 낮출 수 있게 되었다.

유한킴벌리의 성공에는 직장 내 학습시스템의 구축을 통한 생산성의 지속적인 향상도 큰 공헌을 하였다. 교대조가 확대되면서 학습시간이 연간 300시간으로 증가하였다. 학습내용도 직무교육에서 점차 교양교육으로 비중을 늘렸다.

유한킴벌리는 계층별 학습조직을 구성하여 계층별 핵심역량을 향상시키고 정기적인 모임을 통해 계층별 공동관심사를 공유하고 있다.

그리고 유한킴벌리는 근로자 개인학습 중심의 교육훈련은 물론 기술과 지식의 공유과정을 거쳐 조직학습으로 발전시켜 나가는 교육시스템을 갖추고 있다.

굿모닝병원

굿모닝병원(350병상)은 2005년 유한킴벌리의 모델을 도입하여 성공한 병원이다. 다만 유한킴벌리와 다른 점은 유연근로제의 도입이다. 이는 병원 조직의 특성에 따른 것이었다. 근무제도는 주요 조직별로 특성과 요일, 시간별로 업무량을 고려하여 설계하였다.

일반 병실은 평일 아침시간대에 인력을 추가로 투입하고, 응급실은 주말 낮 시간대에 추가 투입하였다.

구체적으로 일반병실은 4조 3교대 – 오전(오후)근무 12일, 야간근무 4

일, 교육 1일, 휴무 7일 - 로 구성하였다. 그리고 응급실은 오전-오후-야간 시간대별로 평일(4.4.3)과 주말(4.5.3)의 근무조를 달리 구성하였다.

그 결과 이 병원은 교육시간이 연간 47시간에서 122시간으로 증가하였다. 근무시간은 주 50시간에서 40시간으로 20% 감소하였다.

직원 수는 12.7%의 증가(313명에서 353명으로 증가)에도 불구하고, 수익성은 높아졌다. 그해 10월 현재 외래환자는 8.1%, 입원환자는 15.7% 증가하여, 이에 대한 진료수입은 외래수입이 13.4%, 입원수입이 14.3%나 증가하였다. 그리고 학습내용은 직무교육 80%, 일반교양 20%로 구성하였다.

삼성전자

삼성전자는 학습조직의 구축을 통하여 조직을 활성화시킨 성공사례를 보여준다. 삼성전자는 이것을 프로 삼성인의 육성프로그램이라고 하였다.

사원(직원)은 열정과 실력을 가진 프로(Pro)로서의 비전을 제시하고, 조직은 이를 바탕으로 조직혁신의 성과를 극대화하고자 하였다. 이를 위해 끊임없는 학습과 도전이 필요하다고 보았던 것이다.

삼성전자는 학습조직의 구축 및 활성화를 위하여 프로팀이라는 학습조를 운영하였다.

프로팀이란 임직원들이 자발적으로 모여 신뢰를 바탕으로 업무중심의 자율학습시스템의 구축을 새로운 지식을 습득, 창출하여 개인과 조직을 프로로 만들어가는 비공식적인 혁신조직이다.

프로팀의 특징은 다음과 같다. 여기에서 프로팀은 학습활동만 하고, 모든 지원은 프로 도우미가 담당하도록 하였다.

□ 현업 업무와 관련하여 학습의 주제·내용·시간계획 등의 자율적 결정
□ 소집형의 교육부서가 주관하는 교육에서 탈피
□ 비공식적인 조직단위로 구성
□ 프로 도우미의 현장방문으로 철저한 지원과 상담
□ 직업능력의 개발 사업비 환급형 프로세스의 구축

한편 이러한 프로팀의 도입을 위한 프로세스는 다음의 5단계로 구성되었다.

1단계: 과제의 협의(프로 팀원/부서장/컨설턴트)

2단계: 활동의 의뢰(프로의 가꿈터 입력)

3단계: 활동계획의 등록(프로의 가꿈터 직접 입력)

4단계: 학습활동(20시간 이상의 활동내용의 입력과 출력)

5단계: 프로 리포터(프로 가꿈터의 등록·공유)

3M

3M은 지속적인 혁신을 통해 장기간 성장해 온 가장 모범적인 학습조직의 사례라고 할 만하다. 이 회사는 헬프 데스크, 노츠, 인터넷, 인트라넷, IT기반의 데이터베이스 등 기술적인 지식경영시스템을 잘 갖추고 있다.

그러나 이러한 시스템만으로 3M의 지식경영을 통한 지속적인 혁신이 이루어지는 것은 아니다. 가장 중요한 것은 지식 거래 및 새로운 지식의 창출을 활성화시키는 조직의 메커니즘이 제대로 정립되

어 있다는 것이다.

즉, 3M은 지식거래 조직과 지식공동체 조직의 메커니즘이 공존하면서 서로를 보완·강화하는 체계로 되어 있다. 거래 조직과 지식공동체 조직의 메커니즘이 공존하면서 서로를 보완·강화하는 체계로 되어 있다.

이러한 조직 메커니즘이 정립되도록 하는 데 있어서 가장 핵심적인 것은 다음의 3가지이다.

첫째, 올바른 사람을 확보하고 이들을 장기적으로 유지하는 것,

둘째, 구성원 간의 접촉기회를 많이 갖게 함으로써 전사적으로 구성원 간의 장기적인 인적 네트워크를 형성하는 것,

셋째, 지식 창출과 공유를 활성화하는 강력한 지원 및 인정 프로그램의 운영.

3M에서는 기업문화에 적합한 사람들이 모여 장기간 함께 일하면서 서로 간의 접촉기회를 많이 가질 수 있기 때문에 구성원 간에 장기적인 신뢰 관계가 형성될 수 있다. 즉, 단기적인 관계에서는 형성되기 어려운 상호 호혜성이 생겨날 수 있는 것이다.

이것은 지식 거래 및 이전이 활성화되는 기본적인 토양을 제공한다. 또한 장기적인 고용관계는 조직의 전통이 지속적으로 창출, 계승될 수 있도록 하여 구성원의 조직에 대한 자부심 및 일체감을 형성시키고, 혁신이라는 가치를 구성원이 내재화할 수 있도록 함으로써 지속적인 지식창출이 가능한 공동체가 되도록 한다.

여기에다 각종 포상과 상징적 보상의 제공을 통해 지식 공헌자에 대한 조직차원의 인정을 실시하고, 15% 규칙과 자금지원 및 실수에 대한 용인을 통해 지식공헌이 가능한 기회를 제공하기 때문에 비로소 3M은 학습조직으로 운영될 수 있는 것이다.

6 학습조직의 활성화

학습조직을 구축하기 위해서는 조직학습을 활성화시켜야 하고, 이를 위해 구체적인 인재양성시스템을 마련하여야 한다. 조직학습은 구성원 개인의 학습에서 출발한다.

조직 내의 구성원들은 교육훈련, 집단 간의 아이디어 교환, 비공식적 접촉, 세미나, 워크숍, 보고서 제출, 견학 등을 통해서 학습을 하게 된다.

이러한 개인학습이 반드시 조직학습을 보장하는 것은 아니지만, 그것이 없이는 조직학습이 발생할 수 없다. 따라서 개인학습과 그것이 조직학습으로 변화되는 메커니즘은 매우 중요하다.

조직의 구성원이 개별적으로 학습을 하고 그것이 생활화되면, 그것을 체화한 조직에서 필요로 하는 인재가 된다. 이런 인재는 호기심을 가지고 문제해결을 하게 되고, 계속적으로 새로운 것을 배우려는 특성을 지니게 된다.

이는 학습조직에서 필요로 하는 인재상이라 할 수 있으며, 이런 특성을 지닌 인재의 양성은 현대의 조직에서 중요하다.

학습조직에서 필요로 하는 인재를 양성하기 위해서는 구체적으로 어떤 행동을 해야 할까?

다음과 같은 4가지 조건 - 회사의 비전공유, 학습의 지원시스템 구축, 학습의 자발적 참여유도, 구체적인 학습프로그램의 마련, 실행 - 을 갖출 때 가능해진다.

회사의 비전 공유

구성원들로 하여금 회사의 비전을 공유하도록 하여야 한다. 비전의 공유는 학습조원들에게 학습에 대한 집중력과 열정을 제공한다.

그리고 개인의 비전과 회사의 비전이 일치할수록 구성원들은 자신이 하고 싶은 일을 조직 내에서 실천하도록 만들어주기 때문에, 비전의 공유는 학습조직에서 인재양성을 위한 첫 번째 조건이다.

개인학습이 조직학습으로 진화하기 위해서는 학습의 공통된 목표가 있어야 하는데, 그것을 가능하게 해주는 것이 회사의 비전과 구성원 개인의 비전을 일치시키는 것이다. 그래서 기업은 조직의 비전과 개인의 비전이 일치하도록 부단한 노력을 기울여야 한다.

학습의 지원시스템 구축

조직 내에서 학습을 위한 지원시스템을 구축하여야 한다. 구성원 개개인은 개발·성장·욕구·관심사 등의 가치를 지닌 존재이며, 그 가치가 함양되어야 하고, 조직은 이를 고양할 수 있는 조직 차원의 지원이 필수적이다.

이를 위해 개개인의 학습활동은 공정한 평가와 보상으로 연결되어야 한다. 보상의 체계가 구성원의 학습활동을 지지할 때, 학습활동을 통한 변화가 가능해진다.

조직에서는 학습활동과 그 결과를 측정할 수 있는 기준을 마련하고 이를 기반으로 한 보상체계를 만들어 학습활동에 대한 내재적·외재적 보상을 주어야 할 것이다.

학습의 자발적 참여 유도

구성원들이 주체적으로 학습의욕을 가지고 학습에 참여하도록 하기 위해서는, 구성원들의 변화에 대한 준비와 그것을 수용하려는 의지와 용기를 주어야 한다.

학습의 주체성을 확보하기 위해서는 다음과 같은 개인학습의 원칙들이 지켜져야 한다.

- 구성원들이 원하고 필요로 하는 그들의 현장과제와 연결되도록 한다.
- 조직은 물론 구성원의 능력이나 기술증대와도 연결되도록 한다.
- 빠른 시일 내에 활용되고 적용되는 실용적 과제로 한다.
- 혁신적인 사고나 행동을 요하는 과제를 제시한다.
- 학습내용이 미래의 문제해결에 시사점이 있도록 한다.

구체적인 학습프로그램 마련

학습의 내용은 학습프로그램을 통해 구체화된다. 학습을 위한 프로그램으로 현장학습과 현장이 아닌 강의실이나 학습실험실에서 이루어지는 학습이 있다.

현장학습은 구성원들이 기업 현장에서 발생하는 문제를 학습하는 것이다. 기업들이 강의실학습보다 현장학습을 선호하는 이유는 학습이 직무현장에서 이루어져야만 조직에 최대한의 효과를 가져올 수 있다고 믿기 때문이다.

그리고 강의실학습으로 업무와 관련된 일반적인 교육프로그램이 있고, 실험실학습으로 시뮬레이션도 있다. 업무와 관련된 지식과 스킬의 배양은 지속적인 학습을 위한 기초가 된다.

또한 시뮬레이션은 현재 직면하고 있는 복잡한 비즈니스 문제나 전략, 그리고 미래에 닥쳐오게 될 예측이 가능한 가상적 미래의 다양한 문제상황을 설정하여 실험해보고 그 결과를 함께 이야기해 볼 수 있다.

시뮬레이션을 이용한 학습에서 중요한 것은 업무에 지장을 주지 않으면서, 업무에 관련된 사안의 시뮬레이션을 통하여 학습효과를 극대화시키는 것이다.

실행

학습조직에서 개인과 팀의 모습을 명확히 정의하고 공유함으로써 바람직한 학습활동을 유도한다. 혁신·개방성·파트너십을 중심으로 하는 성과 있는 학습을 하는 팀과 개인이 된다.

팀은 구성원 전원이 학습의 필요성을 인식하고 팀장을 중심으로 학습이 일상화되어 있으며, 지식의 활용·공유·토론이 활성화되는 팀을 이룬다.

그리고 개인은 고객지향적 사고로 개인의 역량 확보를 위한 꾸준한 학습과 개인의 노하우 중심의 형식지를 창출·활용하여 성과를 내는 사람이 된다.

　　이의 실행을 위해 경영진과 학습전담실무자의 지속적인 관심과 강력한 추진의지, 매월 정기적인 모니터링, 지식의 통합관리, 벤치마킹 및 사전교육, 운영프로세스의 습득 등을 통하여 강력한 실행력에 의한 추진을 하고 지식 전체를 일정한 장소에 저장하여 시너지효과를 창출하도록 한다.

PART 4

학습조직의 운영

1 학습조직의 준비활동

학습조직의 구성

학습조직이 운영되기 위해서는 몇 가지 구성요소 – 과제, 소그룹, 상호토의, 실행의지, 학습의지, 리더 – 가 충족되어야 한다.

- 과제

  (조직이 해결해야 할 과제, 프로젝트로서 경영성과와 직결되는 과제)

- 소그룹

  (문제해결에 적극적인 사고를 가진 3~5명의 집단)

- 상호토의

  (모르는 것도 관심을 가져 학습과 질문을 할 수 있는 능력)

- 실행의지

  (팀이 도출한 개선안을 실행에 옮길 수 있는 의지)

- 학습의지

  (업무와 학습에 동일한 비중을 두어 자기개발과 조직개발이 가

능하도록 학습을 할 수 있는 의지)
- 리더
  (문제해결에 도움을 주는 사람, 과제 해결의 속도를 조절하는 사람)

학습조직의 활동

학습조직의 활동은 구성원(조원, 팀원)들에게 자신의 능력을 발휘하고 그 성과를 맛보는 성취감을 안겨 준다. 무엇보다도 그들 자신이 조직에 영향을 주고 있다는 자부심과 그 공헌의 기쁨이 크다.

이처럼 학습조직 활동이 초기에는 지식경영 기반의 지식창출 수단으로 활용되면서, 학습 및 연구과제 중심으로 거의 자발적인 모임 수준에 지나지 않았다. 그 결과 학습조직의 활동은 구성원(팀원)들만의 만족을 추구하는 소극적인 성과창출의 경향이 강했다.

<표 4-1> 학습조직 활동의 효과

활동	효과
참가	업무와 학습의 조화로운 분배
달성	완결(테마선정, 목표)
책임	맡겨지는 것
능력발휘	사고, 아이디어
성장	문제의식의 향상, 테마수준의 향상
창조성	올바른 발상·착상, 혁신적 아이디어
인정	올바른 평가, 칭찬과 보상
공헌	성과, 경제적 효과

그러나 학습조직 활동을 보다 강화하면 <표 4-1>에서 보는 것처럼 많은 효과들을 얻을수 있다. 따라서 이를 확대하여 점차 성과중심의 적극적인 활동으로 확산시켜야 할 것이다.

학습조직의 준비사항

　학습조직의 운영을 시작하기 전에 다음의 3가지를 먼저 준비하여야 한다. 과제의 발굴, 학습조원의 모집 그리고 학습리더의 선출 또는 지명(내정)이 그것이다.

(1) 학습과제의 발굴

　학습조직의 과제를 선정하기에 앞서 가장 관심이 있는 조직 내의 문제해결을 위한 과제 발굴 과정이 필요하다. 이것은 학습조직의 첫 발걸음을 내딛는 것이다.

　이를 위해 조직 내의 각 부서로부터 개선 내지 변화가 필요한 사항(문제)들을 수집하여, 그것을 과제로 발굴하여야 한다. 그리고 과제의 내용이 복잡하거나 범위가 넓을 경우에는 그것을 적당한 크기로 나누어 과제를 다듬어야 한다.

　이렇게 하여 학습조직이 지속적으로 해결(학습)하고자 하는 과제들을 찾아서 발굴한 다음, 우선순위에 따라 순위를 정리하고, 각각의 학습조직에 배분하면 된다.

(2) 학습조원의 모집

　학습조직에 참여할 학습조원들의 모집은 가능한 한 다양한 사람들의 참여가 이루어지도록 하는 것이 바람직하다. 상이한 배경과 삶의 경험을 가진 사람들이 참여하여 대화를 나눌 때, 새로운 관계와 네트워크의 형성이 가능하며, 혁신적인 아이디어도 창출할 수 있다.

　학습조직에 참여할 학습조원들을 모집하기 위해서는, 구성원들을 상대로 보다 많은 사람들이 학습조직에 관심을 가지고 참여하도록 해야 한다.

이를 위해 학습조직의 발족을 홍보하여야 한다. 홍보의 효과를 극대화하려면 홍보계획의 수립과 함께 적당한 홍보방법을 활용하여야 한다.

학습조직의 홍보는 조직의 구성원들에게 학습조직의 발족 자체를 알리는 한편, 이들의 참여를 촉구하는 이중적 목적을 가진다.

따라서 학습조직의 목적을 소개하는 내용과 해당 학습과제와 학습계획 및 활동내용을 홍보계획에 반영하여야 한다.

(3) 학습리더의 선출(내정)

학습리더는 성공적인 학습조직의 운영에 성패를 쥐고 있는 매우 중요한 존재이다.

학습조직을 지원하는 조직(기업)에서 학습조직을 육성할 때, 처음에는 대부분 학습리더를 내정(지명)하는 경우가 많다. 이때에는 내정된 학습리더가 학습조원들에게 실질적인 리더로 받아들여질 수 있도록 하는 것이 중요하다.

한편 학습조직의 모임이 시작되어 일정한 시간이 경과한 후 학습조원들 간의 친밀도가 형성되고 학습의 진행이 안정권에 들어서면, 학습조직의 운영체계를 바로잡기 위한 노력의 일환으로 학습리더를 선출하여야 한다.

이는 학습조직을 진행해 오는 과정에서 학습조원들이 서로 신뢰하고 따르는 실질적인 리더가 생겨날 수 있기 때문이다.

이러한 과정을 거쳐서 학습조원들이 따르는 실질적인 학습리더가 선출되는 것이다. 리더를 선출하는 것은 아마도 학습조직의 과정 중에서 가장 중요한 사항일 것이다.

무능한 학습리더는 학습조직을 실패하게 만들지만, 유능한 학습리더는 학습조직을 훌륭하게 만들 수 있다. 학습리더를 선택하는 데 있어서 가장 중요한 고려사항은 토론을 이끄는 기술과 그 경험이다.

2 인적구성원의 역할

학습조직의 성공적 운영과 관련한 인적구성은 경영자, 전담실무자, 학습리더 그리고 학습조원 등으로 이루어진다. 이들의 역할을 교육(훈련)과 관련하여 설명하고자 한다.

경영자의 역할

경영자는 무엇보다도 조직문제의 지속적 개선에 강력한 실천의지와 물적·정신적 지지를 구성원들에게 보여주어야 한다. 구성원들의 노력에 대한 경영진의 실천의지와 지지는 학습조직의 성공에서 매우 중요한 역할을 한다.

(1) 변화를 추구하는 문화의 구축

기업은 급격한 환경변화에 직면하고 있다. 이 변화는 기업들로 하여금 지속적 개선을 요구하고 있다. 지속적 개선을 추구하지 않는 조직은 어려움에 처할 것이고, 변화를 인식하고 대처방법을 찾는 것이 기업의 중요한 과제로 대두되고 있다.

지속적 개선이란 변화를 위한 변화가 아니라 그 자체가 목적이어야 한다. 가장 기본적인 문제는 누가 개선을 정의하느냐 하는 것이다. 개선은 고객의 입장에서 정의되어야 하며, 그렇게 될 때 지속적인 개선이 이루어질 수 있을 것이다.

지속적 개선을 반대하는 사람은 없다. 그러나 지속적 개선을 성공적으로 이룬 기업은 거의 없다. 일부의 기업만이 지속적 개선에 필요한 문화를 만들어 왔다.

포천(Fortune)지에 의하면, 관리자들이 가장 일하고 싶어 하는 기업은 잘 알려진 기업이 아니라, 수년간 조직 문화와 리더십에 변화를 거듭해 온 기업들이라는 사실이 이를 말해준다.

지금까지 많은 기업들이 지속적 개선을 이루지 못한 데는 여러 이유가 있지만, 변화의 필요성과 절박성이 부족하고, 문제에 대해 잘못 인식했기 때문이라고 할 수 있다.

따라서 경영진은 지속적 개선을 위하여 조직문화를 변화시켜야 한다. 조직문화는 서서히 변화한다. 구성원들의 신념과 행동을 변화시키려면 시간이 필요하다.

경영진은 조직이 추구하는 변화가 무엇인지를 직원들에게 보여줄 수 있어야 한다. 그리고 직원들은 경영진의 일련의 행동에서 조직이 추구하는 변화를 보고 느낄 수 있어야 한다.

(2) 창의적 조직의 추구

창의적인 조직이란 특별한 조직이 아니다. 조직에서 발생하는 여러 형태의 문제해결을 위해 아이디어를 생산하고 실천하는 조직이면서, 변화와 혁신을 추구하는 조직이다.

따라서 창의적 조직은 변화와 혁신의 장애물을 제거하는 것에서 출발한다. 변화와 혁신의 장애물은 다음과 같다.

첫째, 아이디어가 공식적으로 인정받기 위해서는 여러 단계의 승인을 거쳐야 한다는 것이다.

둘째, 활용하지 못한 아이디어를 낸 사람을 고의적으로 또는 무의식적으로 처벌한다는 것이다.

셋째는 대부분의 조직에서 새로운 아이디어를 지원하는 사람보다도 거부하는 사람들이 훨씬 많다는 것이다.

끝으로 아이디어를 고사시키거나 분석에 의한 마비가 되도록 연구를 위한 연구를 한다는 것이다.

따라서 경영진은 직원들이 여러 가지 생각을 하도록 도와주어야 한다. 호기심이 새로운 아이디어를 만들어낸다. 직원들에게 조직의 업무에서 적용 가능한 다른 분야의 지식을 생각하도록 하여야 한다. 직원들이 창의성과 혁신의 추구에서 재미를 느끼도록 해주어야 한다.

(3) 업무수행의 재정비

많은 기업들이 어떤 형태로든 조직을 개편하였다. 즉, 기업을 신설하거나 인수합병하거나 혹은 폐쇄를 하였다. 그러나 업무수행의 방법을 근본적으로 바꾼 조직은 없으며, 효과적인 업무수행의 장애물인 부서 간의 장벽을 제거하지도 못했다.

그것은 최고경영층이 바뀌어도 직원들의 권한과 책임은 변화하지 않았기 때문이다. 다시 말하면 대부분의 기업들이 실제 필요한 것보다 많은 관리계층을 갖고 있었기 때문이다.

권한과 책임은 업무를 실제로 담당하는 직원에게 위임되어야 함에도 그렇지 못했다. 실제로 모든 안건은 2명 이상의 관리자의 결재과정을 거쳐야 한다.

이렇게 해서는 조직을 변화시킬 수 없다. 조직을 새롭게 하고 활기를 불어넣어야 한다. 이를 위해, 많은 기업들이 자율작업팀을 구성하고 있다. 성공한 기업들은 직원들을 믿고 있으며, 일선 직원들에게 가능한 한 많은 재량권을 주고 있다.

이것은 리더가 직원을 통제할수록 그들의 능력이 발휘되기 어렵다는 것을 말해준다. 진정한 리더는 결코 통제하지 않는다. 리더는 직원들이 하는 일을 도와줄 뿐이다. 경영진이 직원들에게 권한을 위임하면 위임할수록, 변화의 힘은 강해진다.

전담실무자의 역할

조직에서 학습조를 전담하는 실무자는 학습리더를 선정하고 이들에 대한 교육훈련을 한다. 그리고 학습조원을 모집하고 홍보하여 보다 다양한 사람들이 학습조원으로 참여할 수 있도록 하여야 한다.

(1) 학습리더의 선정

학습리더는 학습조직의 모임을 이끌어가는 지도자이며 조장이다. 무엇보다도 학습리더는 학습조원들보다 훨씬 뛰어난 내용전문가일 필요는 없지만, 적어도 해당 학습과제에 많은 관심과 깊은 이해, 그리고 그것을 달성하려는 열정과 의지를 가져야 한다. 일반적으로 학습리더가 갖추어야 할 요건은 다음과 같다.

- 열성이 있고 우호적이며 남의 의견을 잘 들을 수 있는 사람
- 학습조원들이 그들의 견해와 생각을 협동신뢰 속에서 논의할 수 있는 분위기 연출자
- 학습조원들에 대한 지속적 관심과 구성원의 친밀감 유지를 위한 적절한 기회 제공자
- 분별 있는 질문과 다른 사람들이 학습 중에 간과하는 점을 지적할 수 있는 사람
- 학습자료를 잘 선정할 수 있는 사람

(2) 학습리더의 교육훈련

학습리더는 학습조원들을 이끌어가는 사람으로서, 그들의 역량과 자질은 학습조직의 성공에서 매우 중요하다.

이를 위해 학급리더가 지명(내정)되거나 선출된 후에는 그들을 대상으로 하는 훈련프로그램을 운영하여야 한다.

교육요구의 분석, 프로그램의 개발방법, 자료집의 매뉴얼의 개발, 교육훈련의 실시 등이 그것이다.

특히 학습리더는 학습과제를 해결하기 위하여 회의와 토론을 진행하게 되는데, 이에 따른 회의(토론)의 진행기술이 필요하다.

이를 위한 학습리더의 교육과정도 필요하다. 토론의 진행기술이나 인간관계와 관련된 기법 등이 그것이다.

(3) 학습조원의 모집 및 홍보

학습전담실무자는 기업의 구성원들 중에서 학습과제에 관심을 보이는 사람들을 학습조원으로 모집하여야 한다.

학습조원은 가능한 한 다양한 부류의 사람들이 참여할 수 있도록 하여야 한다. 한 부서의 직원들로 학습조원을 구성하기보다는 타 부서의 직원들도 학습조원으로 참여할 수 있도록 장려할 필요가 있다.

이처럼 부서에 상관없이 다양한 사람들이 학습조원으로 참여할 수 있도록 조직 내에 널리 홍보하여야 한다.

학습조직의 발족 사실을 알림은 물론 학습조직의 목적, 학습계획 및 활동내용 등을 홍보계획에 반영하여, 다양한 직원의 참여를 유도하고 촉구하여야 한다.

학습리더의 역할

학습리더는 학습조직이 원활하게 운영되도록 이끄는 사람이다. 다른 조직과 마찬가지로 학습조직도 학습계획을 세워 꾸준히 학습을 진행하고, 학습조원들의 소속감을 강화시키도록 돕는 학습리더가 필요하다.

학습조직의 성공에서 학습리더는 매우 중요한 존재이다. 학습조직은 학습조원들의 자발적 의지에 의해 움직이는 조직이기 때문에 일반적인 조직의 리더와는 조금 다른 덕목이 요구되는 것이다.

훌륭한 학습리더는 학습조원들이 학습조직 활동을 편하게 할 수 있도록 도와준다. 학습리더가 학습조원들을 편하게 활동하도록 도와줄 때, 학습조원들은 스스로 목표를 세우고, 생각을 공유하며, 서로에게 쉽게 배울 수 있다.

(1) 나아갈 방향의 제시

학습리더의 중요한 역할은 회의나 토론의 초점을 명확히 하고, 토론(회의)의 초점이 흐려지지 않도록 하는 사람이어야 한다.

학습리더는 토론(회의)의 방향을 일정하게 이끌어가는 사람이지 '가르치는 사람'이 결코 아니다.

또한 학습리더는 학습조원들이 고려하지 못한 관점을 제시할 수 있을 만큼 토론 주제에 익숙해져 있어야 하지만, 토론 주제에 대한 전문가일 필요는 없다.

만일 학습리더가 토론의 주제에 대한 전문적 능력이 있더라도 '교사'의 역할을 나타내지 않도록 하는 특별한 주의가 필요하다.

(2) 의사결정의 지원

학습리더는 학습조직에서 의사결정을 하는 사람이 아니라, 학습조원들이 스스로 의사결정을 하도록 도와주는 사람이어야 한다.

학습조원들은 어떤 주제에 대하여 어떻게 학습할 것인가에 대해 결정한 상태에 있지 않기 때문에, 학습리더는 그들의 의사결정을 지원해줄 수 있어야 한다.

그러므로 학습리더는 학습조원들이 그 주제의 어떤 측면에 초점을 둘 것이며, 어떤 방식으로 다룰 것이며, 다른 측면은 어떻게 접근할 수 있는가 등에 대하여 그들이 대화를 통해서 결정하도록 하여야 한다.

학습조원들이 자신의 학습목표를 재검토하고, 그들의 실제 요구와 관심에 부응하고 있음을 명확히 하는 과정이 필요한 것이다.

이러한 학습조원들의 의사결정 과정에서 학습리더는 자신의 의견을 주장하기보다는 학습조원들이 스스로 의사결정을 하도록 도와주어야 하는 것이다.

(3) 대화의 촉진

학습리더로서 가장 중요한 역할은 무엇보다도 학습조원들의 대화를 잘 이끌어내도록 하는 것이다. 학습리더는 협력학습을 위한 분위기를 조성하여, 각 조원들이 편하게 자신의 생각을 표현하도록 도와주어야 한다.

학습리더는 학습조원 한 사람이 토론을 주도하지 않도록 하여야 한다. 토론을 주도하려는 사람을 적절하게 제지하여, 나머지 사람들이 편하게 이야기할 수 있도록 해주어야 한다.

또한 말이 없는 참여자들에게도 말할 기회를 부여하여 모든 학습조원들이 대화에 참여할 수 있도록 도와주어야 한다.

학습조원의 역할

학습조원은 학습리더와 함께 주어진 과제의 해결이 우선적 역할이다. 이를 위해 자발적으로 학습과 토론(회의)에 참여함은 물론, 과제의 해결에 필요한 문제해결 기법 등을 배워야 한다.

(1) 과제의 해결

학습조원들의 최우선적 역할은 주어진 학습과제를 해결하는 것이다. 학습조원들은 과제를 주어진 기간 내에 완료하여야 한다는 책임이 있다.

따라서 학습조원들은 학습과제의 해결에 필요한 문제해결의 기법이나 액션러닝 등에 대한 지식을 가지고 있어야 한다.

학습조원들은 문제해결에 필요한 학습을 위한 훈련프로그램에 참가하여야 하며, 학습리더 또한 학습조원들의 훈련프로그램에 참가하여야 한다.

학습리더 또한 학습조원들과 마찬가지로 훈련의 기회가 제공될 때 적극적으로 참여하도록 하여야 한다.

(2) 자신의 역할분담

학습조직의 운영을 위해서는 학습조원들이 필요한 각각의 역할을 정리하여 일정한 영역을 나누어 담당하는 역할 나누기가 필요하다.

학습리더가 모든 일을 처리하는 것은 학습조원들을 수동적으로 만드는 결과를 가져오기 때문에 학습조원들의 역할분담이 필요하다.

학습자료 준비, 참여 독려를 위한 연락, 학습 및 운영경비 처리, 학습과정 및 결과의 기록, 대외협력, 홍보작업 등 각 역할을 나누어 수행하는 일은 일의 성과뿐만 아니라 학습조원들을 조직화하는 또 다른 열매를 맺게 한다.

(3) 자신의 역할이해

학습조직에서 학습조원들의 역할은 스스로 자발적으로 학습에 참여하고, 토론에서 자신의 경험을 활용하는 것이다. 학습조원의 경험과 의견은 값진 것이다.

학습조원들은 말을 해야만 한다는 압박감을 가질 필요는 없다. 하지만 학습조원이 자신의 경험과 의견을 말하지 않는다면, 결국 다른 사람의 경험이나 지혜 또한 배울 수 없게 된다.

학습조원들은 의견의 불일치를 두려워하지 말아야 한다. 의견의 차이는 모임을 더욱 활발하게 해준다.

3 학습조직의 원칙과 규정

학습조원은 학습리더와 함께 학습준비모임에서 학습조직의 운영원칙을 함께 설정한다. 학습조직의 운영원칙은 구성원들이 언제 어떻게 활동에 참여하며, 공동체 안에서 어떤 규칙을 따라야 하는가에 대한 구체적인 지침을 제공해 준다.

운영계획의 수립

학습조원들 간에 합의된 학습조직 운영계획을 바탕으로 학습과제에 따른 운영계획을 수립한다.

학습조직의 운영계획을 수립하기 위해서는 먼저, 학습조원들이 학습조직에서 함께 읽고 싶은 책, 알고 싶은 내용, 개선할 사항 등을 차례로 이야기할 기회를 가질 필요성이 있다.

그리고 학습조원들이 모이는 횟수·일시·장소·회비 등에 대해서도 전체적으로 토의하여야 한다.

학습조원들의 토의를 기초로 그들 중 한두 사람이 다른 학습조직의 계획을 참조하여 구체적인 운영계획을 수립할 수 있다.

운영계획에는 세밀하고 자세하게 주별·월별 일정, 준비물, 학습내용, 교재 등이 명시되어야 한다. 특히 유의해야 할 것은 이 운영계획이 학습조원들의 수준에 맞고, 실행 가능해야 한다는 것이다.

학습조직 운영계획의 초안이 마련되면 학습조원 모두가 모인 자리에서 검토를 하여 확정하도록 한다. 이때 학습조원들의 의사가 충분히 반영되어야 한다. 운영계획의 확정과 함께 필요하다면 모임의 명칭을 정하고 간단한 회칙을 만들 수도 있다.

처음에는 학습조원들의 관심이 높은 것에서부터 시작하도록 하고, 학습내용은 낮은 단계에서 높은 단계로 발전되도록 한다. 첫 시작부터 어려운 문제를 다룰 필요는 없다.

학습조원들의 다양한 관심사를 충분히 이야기하도록 하고 보다 진지한 얘기를 나눌 수 있는 주제를 선택하여야 한다. 학습조원들이 조직생활을 하면서 부딪치는 어려움이나 문제점을 함께 나누고 풀어갈 수 있는 주제(과제)를 선택하는 것이 좋다.

운영계획을 수립한 다음에는 일정한 시간 동안에 다루어야 할 학습과제에 관한 세부계획을 수립하여 지속적인 학습을 준비한다.

학습계획을 수립하기 전에 조직의 학습전담실무자와의 논의를 통해 충실한 사전 계획을 마련한 후 학습조원들과의 협의를 거쳐 확정하는 것이 바람직하다.

운영계획에는 학습조직에 참여하는 방법에 대한 목록을 작성하며, 그 목록은 융통성 있게 작성하여 학습조원들에게 가능한 시간과 자원을 제공할 수 있도록 하여야 한다.

학습조직 규칙의 제정

　학습조직의 준비모임을 중심으로 학습조원들의 협의과정을 통해서 학습조직 운영계획을 수립한다.
　학습과제에 따른 교육과정 수립, 학습방법, 자료의 수집, 시간 등 전반적인 내용들을 학습조원들이 충분한 토의를 통해 합의하는 과정을 거친다.
　이를 통해 학습조원들의 요구와 여건에 맞는 학습조직 규칙을 마련한다. 학습조직의 시작 단계에서 기본 규칙을 세우고 학습조원들에게 그 규칙에 동의하든지 아니면 더 추가할 것이 있는지를 묻는다.
　학습조직 규칙을 결정할 때에는 학습조원들이 자신의 정직한 견해를 표현하도록 하고, 구성원 모두의 관점이 존중되도록 하며, 모두에게 말할 기회를 균등히 주는 한편, 학습리더는 중립을 지키고 기본 규칙에 따라서 대화를 진행시키도록 유의하여야 한다.

학습조직 운영의 실제

　학습조직에서 학습활동이 이루어지는 일반적인 모습을 그려보자. 학습조직마다 그 모습이 다를 수 있지만, 다음의 내용들을 참고로 한다면 학습조직을 현실적으로 운영하는 데 여러 가지로 도움을 얻을 수 있을 것이다.

(1) 모임의 시작 전
학습조직의 모임을 가질 때는 시작부터 친밀하고 편안한 분위기를 조성하여야 한다. 학습조직의 첫 모임을 시작할 때는 모든 학습조원들이 자신을 간략하게 소개할 수 있는 기회가 주어진다.

만일 여러 차례 모임을 가진 이후라면 서로 간략하게 인사하도록 한다. 그리고 모든 사람이 읽을 자료와 필요한 준비물을 가지고 왔는지 확인한다.

(2) 사회자와 서기의 선정

학습 토론을 이끌어나갈 사회자와 회의록을 기록할 서기의 선정이 필요하다.

사회자와 서기는 참가자들이 돌아가며 맡도록 하는 것이 좋다. 그러나 운영의 초기에는 학습조원들이 익숙하지 않기 때문에 학습리더가 당분간 사회를 맡는 것이 원활한 운영을 위해 좋다.

(3) 지난 모임의 점검

지난번 모임에서 토론된 내용을 간단하게 확인한다.

(4) 생활의 나눔

지난번 모임 이후의 생활을 함께 공유하도록 한다. 학습리더가 함께 하는 학습조직이라면, 부서 또는 라인의 상황을 공유하는 것도 좋다.

유의하여야 할 점은 이런 생활나눔에 시간을 너무 많이 할애하여 정작 학습토론은 제대로 하지 못하고 마치는 경우가 없도록 적절히 조절하여야 한다.

(5) 학습토론의 진행

학습계획에 따라서 토론을 진행하여야 한다. 무조건 자유토론을 하기보다는 한두 사람이 그날의 토론 주제나 읽은 책 내용에 대하여 요약발표를 하고 난 다음 토론에 들어가는 것이 좋다.

토론을 마친 후에는 되도록 그 주제와 관련된 작은 실천을 함께 이야기할 수 있다면 더욱 좋다.

(6) 다음 모임의 계획

학습모임을 끝내기 전에 다음 번 모임에서 무엇을 다룰 것인지를 이야기하고 준비사항을 확인하여야 한다. 다음 모임의 발제자와 사회자도 미리 선정하여야 한다.

4 학습조직의 운영 프로세스

학습조직을 어떻게 운영할 것인가? 학습조직의 운영은 일정한 프로세스에 따라 이루어져야 하며, 이를 시스템으로 구축하는 것이 필요하다.

일반적으로 학습조직의 운영 프로세스는 학습과제의 선정 → 학습 팀의 구성 → 팀의 목표수립 → 개인(팀)의 계획수립 → 실행과 분석 → 평가와 보상 등 6단계로 설명할 수 있다. 이 단계는 활성화단계의 운영 프로세스에서 설명한다.

초기 단계의 운영 프로세스

(1) 과제의 선정

학습조직의 초기 단계에서는 과제를 중심으로 그것을 수행할 팀원(구성원)을 구성하는 것이 바람직하다. 과제의 선정이 먼저냐 아니면 팀원의 구성이 먼저냐에 대해서는 이견이 있을 수 있으나, 경험상으로 볼 때 과제를 중심으로 팀원들을 구성하여야 한다는 것이 일반적인 견해이다.

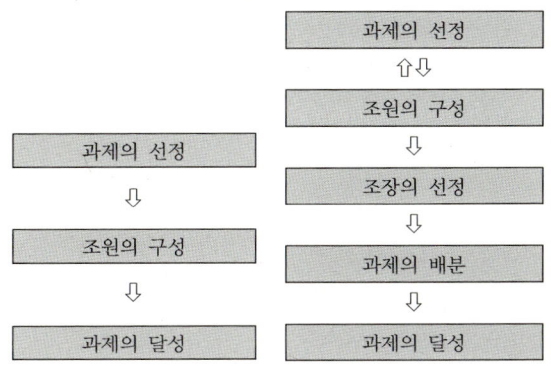

　처음부터 팀원(구성원)이나 리더에게 과제의 선정을 맡길 경우, 학습조직의 운영이 조직이 의도와는 다른 방향으로 나아갈 가능성이 있다.

　이의 방지를 위하여, 과제를 먼저 선정하고, 그것에 관심을 가지고 열정적으로 수행할 수 있는 사람들을 구성원으로 받아들이는 것이 중요하다.

　먼저 학습조가 다루어야 할 과제는 조직에서 관리하여야 한다. 조직에서 학습과제를 개발하거나 다듬어서 그것을 배분하여야 한다.

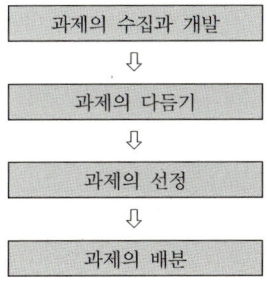

조직에서 학습조가 다룰 수 있는 과제를 개발하거나 부서들로부터 업무를 수행하면서 개선이 필요한 사항들을 수집하여 그것을 과제로 다듬어야 한다.

또한 과제의 내용이 광범위한 것은 학습기간 내에 수행할 수 있는 수준으로 나누어서 학습과제를 확보하여야 한다.

(2) 학습조원의 구성

다음은 학습조원의 구성이다. 학습조원은 학습과제에 대하여 관심이 있고 그것을 열정적으로 수행할 수 있는 사람들로 구성하여야 한다.

그들 가운데 학습과제에 대한 이해가 깊고 책임지고 수행할 수 있는 자를 학습리더로 선발하여야 한다.

학습조직 리더는 나이나 직급보다도 과제를 성공적으로 달성할 수 있으면서 구성원들을 한 방향으로 리드할 수 있는 사람을 선정하는 것이 중요하다.

(3) 과제의 배분

학습과제가 축적이 되고 학습조원이 구성되면, 조직은 각각의 학습조직에 대하여 과제를 배분한다. 이때 과제의 수준을 고려하여 배분하는 것이 중요하다.

<표 4-2> 학습조 수행계획서

학습조명	
활동기간	
학습과제	
과제의 선정배경	
과제의 수행방법	
과제수행 세부계획	
조원의 책임분담	
학습활동 기대효과	
구비서류	

처음에는 일정한 기간 내에 무난히 달성할 수 있는 수준의 과제를 부여하고, 차츰 경험을 거듭할수록 수준이 높고 의미 있는 과제를 배분하여야 한다.

학습조직의 운영이 회를 거듭하면서 구성원들이 자신감을 갖게 되고 의미를 갖게 되면, 이때부터 과제의 선정을 조직이 아닌 학습리더나 학습조원들에게 맡길 수 있을 것이다.

업무를 수행하면서 개선할 부분을 발견한 직원(학습조원)은 그것을 과제로 선정하고 조직에 신고(수행계획서 제출, <표 4-2> 참조)하고, 자신과 함께 학습조원들을 모으면 된다. 조직은 신고한 학습조직의 운영이 잘될 수 있도록 지원해주면 된다.

학습조직의 운영에서 중요한 것은 학습조원과 학습리더의 구분 없이 모두가 과제를 중심으로 자신의 임무(책임)를 분배(분담)받게 된다는 점이다. 학습리더는 자신은 물론 학습조원들에게 동등하게 임무를 배정하고 그것을 수행하도록 하여야 한다.

또한 학습리더는 학습조 학습일지(<표 4-3> 참조)와 학습조 수행 일지(<표 4-4> 참조)를 작성하는 한편 월별 또는 중간에 학습조 수 행보고서(<표 4-5> 참조)를 제출하고 최종일에는 학습조 최종보고 서(<표 4-6> 참조)를 제출하게 된다.

<표 4-3> 학습조 학습일지

학습조 명			
일시		장소	
참석 대상	명	참석자	명
참석자 명단			
학습 방법		발표자 (강사)	
학습 과제			
학습 내용			
구비 자료			

<표 4-4> 학습리더 수행일지

연월일	수행업무 내용	특이사항

<표 4-5> 학습조 수행보고서

학습조 명	
활동기간	
학습과제	
운영실적	
운영성과	
구비서류	

<표 4-6> 학습조 최종보고서(종합)

학습조 명	
활동기간	
학습과제	
추진내용 및 추진일정	
추진성과 및 성과분석	
향후계획	
구비서류	

학습조직의 리더는 구성원들의 상사가 아닌 동료 관계인 것이다. 리더도 구성원들과 마찬가지로 자신의 임무를 수행하면서 그들을 일정한 방향으로 진행할 수 있도록 이끌고 지지해 주는 동료인 것이다.

학습리더에 대한 학습조원들의 평가를 통해서 학습리더는 자신의 부족한 점을 파악할 수 있도록 해주어야 한다(<표 4-7> 참조).

끝으로 학습조직의 성공적 운영을 위해서는 <표 4-8>과 같은 학습조직의 체크포인트를 작성하여 학습조직의 활동이 효과적으로 진행되고 있는지를 살펴볼 필요가 있다.

그리고 학습조직 활동에 대한 구성원들의 생각을 정기적(활동 초반·중반·후반)으로 평가해보는 것도 바람직하다(<표 4-9> 참조).

<표 4-7> 학습리더에 대한 평가설문지

학습조원 여러분은 귀하의 학습리더에 대하여 어떻게 생각하십니까? 학습조직 활동에 참여하시면서 학습리더에 대하여 느낀 점을 솔직하게 평가하여 주십시오.

A. 학습리더에 대한 학습조원의 평가

No.	평가 항목	전혀 그렇지 않다	그렇지 않다	보통 이다	그렇다	아주 그렇다
1	학습리더가 모임의 시간과 장소를 미리 알려준다.					
2	학습리더가 학습조원들에게 모임의 참석 여부를 확인한다.					
3	학습리더는 모임에 참석 못한 조원들에게 모임의 대화내용을 알려준다.					
4	학습조원들이 장기 불참을 할 경우 그 이유를 확인한다.					
5	학습리더는 학습조원들의 참여를 이끌어내려고 노력한다.					
6	학습리더는 학습조원들의 개인적 상황에 관심을 가진다.					
7	학습리더는 학습조원들 간에 발생하는 갈등을 조정하고 해결한다.					
8	학습리더는 학습조직의 비전을 제시해준다.					
9	학습리더는 학습조원들에게 폭넓고 다양한 관점을 갖게 해준다.					
10	학습리더는 학습조원들을 기쁘게 맞이한다.					
11	학습리더는 상황에 따라 유머를 사용한다.					
12	학습리더는 친밀한 분위기를 만들어간다.					
13	학습리더는 학습조원들의 의견을 잘 듣는다.					
14	학습리더는 학습조원 모두에게 발언의 기회를 충분히 부여한다.					
15	학습리더는 특정 사람이 발언을 독점할 경우 제지를 한다.					
16	학습리더는 토론의 과정에 간섭한다.					
17	학습리더는 말을 많이 하는 편이다.					

18	학습리더는 학습(토론)의 내용을 요약해 준다.					
19	학습리더는 학습조원들 스스로 요약하도록 한다.					
20	학습리더는 자신의 가치판단을 표현한다.					
21	학습리더는 조용한 학습조원들이 발언하도록 유도한다.					
22	학습리더는 학습조원들의 의견(생각)을 묻는다.					
23	학습리더는 모임의 전후에 학습조원들과 이야기를 나눈다.					
24	학습리더는 학습조원들이 학습주제에 가까이 다가가도록 돕는다.					
25	학습리더는 토론의 불분명한 부분을 명확하게 정리해준다.					
26	학습리더는 토론이나 학습을 잘 이끌어간다.					
27	학습리더는 토론의 중요한 아이디어를 요약해준다.					

B. 학습리더의 행동에서 가장 인상적인 부분은 무엇입니까?

C. 학습리더의 행동에서 실망을 안겨준 부분은 무엇입니까?

D. 학습조직의 개선할 사항

<**표 4-8**> 학습조직의 체크포인트

학습조직의 활동이 효과적으로 진행되도록 하기 위한 체크포인트 8가지

1. 학습조직을 추진하고자 하는 배경 또는 목적을 분명히 한다.
   (학습주제에 대한 현황과 바람직한 모습을 상호 토의하여 공감대를 형성한다.)
2. 학습조직의 주제는 현안과제, 사회적 이슈, 업무수행 등에서 당면하는 일과 관련하여 선정하고, 목표는 해당업무의 중·단기 목표와 연계하여 추진한다.
3. 학습조직의 회원은 해당 목표를 달성할 수 있도록 사내외 관심그룹과 이해관계자들의 지식네트워크를 구성하도록 한다.
   (외부의 학습조직 전문가의 도움을 받거나, 참여회원들의 관심과 경험 또는 역량에 따라 1인 1역할을 부여한다.)
4. 활동기간은 당해 연도에 마칠 수 있도록 계획을 잡는다.
   (학습주제가 몇 년이 소요되는 경우에는 전체 일정을 수립하고 당해 연도의 업무범위를 정한다.)
5. 어떤 절차와 방법으로 테마를 해결할 것인지 시나리오를 설계한다.
   (시나리오는 5W 1H에 의해 구체적으로 토의한다.)
6. 학습조직을 활성화하기 위한 방안을 토의하여 반영한다.
   (관리자의 참여/리더십, 교육/홍보, 활동여건의 조성, 활동의 모니터링/보상, 활동결과의 업무반영 등에 대해 회원들의 의견청취하고 활성화 방안을 수립한다.)
7. 학습조직의 활동결과를 어떻게 활용할 것인지 토의한다.
   (학습 자체에만 머물지 않고 대고객 서비스의 향상, 관련부서와의 업무협력 및 전략수립 등 활용방안에 대하여 토의하고 공감대를 형성한다.)
8. 학습조직 활동을 통해 어떤 효과나 성과 또는 가치를 창출하는 데 기여할 것인지를 토의하여 결정한다.
   (성과중심의 학습조직이 운영되기 위해서는 학습조직 활동이 업무와 지식, 그리고 혁신과 연계되어 진행되도록 한다.)

<표 4-9> 학습조직 활동의 평가

여러분은 학습조직의 활동을 어떻게 보고 계십니까? 학습조직의 활동에 참여하시면서 보고 느낀 점을 솔직하게 답변에 주시면, 향후 학습조직의 운영에 반영이 되도록 하겠습니다.

질문	수	우	미	양	가
01. 학습조원들의 정기적 만남이 이루어지고 있다.					
02. 학습조직의 활동을 기록하고 있다.					
03. 학습조원들은 학습리더를 잘 따른다.					
04. 학습조원들의 역할(책임)이 분담되어 있다.					
05. 학습조원들이 가까워질 수 있는 공동체프로그램이 있다.					
06. 학습조원들이 자발적으로 학습에 참여한다.					
07. 학습조원들은 학습결과를 발표할 기회를 가진다.					
08. 학습조원들 모두가 참여한다.					
09. 학습(토론)의 횟수는 적절하다.					
10. 학습조원들은 학습의 준비를 철저히 한다.					
11. 학습조직은 학습조원들 간의 친밀감을 부여한다.					
12. 학습조직에 참여함으로써 마음이 점점 편안해진다.					
13. 다른 사람의 생각과 감정을 만날 수 있게 해준다.					
14. 학습조원들이 말을 해야 한다는 압박감을 받는다.					
15. 학습조직은 학습조원들 간의 인간관계를 돈독히 한다.					

활성화 단계의 운영 프로세스

(1) 학습과제의 선정

학습조직의 성공에서 학습과제의 선정은 중요하다. 학습조직의 활동은 조직의 일을 잘하기 위해서 추진하다. 조직에서 모든 일(업무)은 목표와 연관된 긴급성의 과제 중심으로 되어 있다.

규모가 큰 조직에서는 각 팀(부서)별로 정한 목표 중 혼자서 해결이 곤란한 과제를 학습과제로 선정하여 여러 명(학습조원)이 문제를 해결해서 목표를 달성하도록 한다. 학습과제를 선정하는 포인트는 다음과 같다.

- 당위성의 과제보다는 긴급성의 과제를 선정한다.
- 팀의 목표와 관련 있는 과제를 선정한다.
- BSC 과제나 혁신과제를 선정한다.
- 기관장의 긴급사항 등 긴급한 현안과제를 선정한다.

이러한 학습과제의 선정은 학습조원이나 학습리더의 회의를 통해 일정한 절차, 고객욕구 분석(설문, 인터뷰 등) → 이슈 도출 → 해결방안 도출 → 항목 선정에 따라 이루어지는 것이 바람직하다.(<표 4-10> 참조)

<표 4-10> 학습과제의 선정절차

고객 욕구분석	이슈 도출	해결방안 도출	항목 선정

학습조/
개인
역량강화
	- 업무를 진단하고 문제
	  해결능력을 제시하는
	  지원 능력
	- 고객이 원하는 납기/품질
	  을 앞서 창출해주는 능력
		- 업무를 왜·어떻게
		  하는지를 알게 한다.
		- 업무프로세스를 그려
		  보도록 한다.
		- 업무지식을 습득하게 한다.
		- 자기개발을 적극 지원한다.
			- 팀 테마학습
			- 직무연구 발표
			- 기본능력 향상
			- 업무매뉴얼 작성
			- 프로세스 단축

그 절차로서 설문이나 인터뷰를 통해 고객욕구를 분석한 다음, 이슈를 도출하여 그것의 해결방안을 찾고, 그것에 따라서 학습과제를 선정하여야 한다.

만일 고객욕구의 분석을 통해 팀과 개인의 역량이 강화되었으면, 그것에 따라서 이슈 및 해결방안 도출, 학습테마 선정 등이 이루어져야 한다.

선정된 학습과제에는 제목을 붙여야 한다. 학습과제의 제목은 "~의 구축"처럼 단순하게 정하지 말고, 대상과 수단 그리고 효과가 분명하게 나타나도록 다음과 같이 작성하여야 한다.

$$과제의\ 제목 = 대상 + 수단 + 효과$$

여기에서, 대상은 위치를 나타내는 것으로, "~에서, ~에, ~가, ~이, ~를, ~을" 등을 사용하여 표시한다.

수단은 방법을 나타내는 것으로, "~으로, ~를 통하여, ~에 의한, ~로써, ~하여" 등을 사용하여 표시한다.

그리고 효과는 방향을 나타내는 것으로, 무형효과와 유형효과가 있다. 무형효과는 고객만족, 업무효율화, 업무처리신속화 등을 말하며, 유형효과는 매출액 등을 말한다.

(2) 학습조원의 구성

학습과제를 수행하기 위한 학습조원의 구성은 학습조직의 성공에서 중요한 역할을 한다. 무엇보다도, 학습조원은 과제를 해결하기에 가장 적합한 사람으로 구성하여야 한다.

그리고 학습조원은 학습리더(촉진자)와 구분하여 각각의 역할을 담당하도록 하여야 한다(<표 4-11> 참조). 학습조원들의 기본 자격은 다음과 같다.

- 문제해결 지향적이고 큰 그림을 그릴 줄 아는 능력의 소유자
- 일하는 새로운 방식을 구상하고 이를 구체화시키는 재능의 소유자
- 끊임없이 변화를 추구하는 성향의 소유자
- 열정적이고 낙천적인 성격의 소유자
- 대인관계, 팀워크, 의사소통 기술 등의 소유자
- 소속 부서를 초월하는 활동이 가능한 자

<표 4-11> 학습조의 구성명부

구성	이름	직급	팀	담당 역할	연락처	비고
학습리더						
학습조원						
학습조원						

(3) 학습조의 목표 수립

학습과제를 수행할 학습조는 학습조직의 목표를 확정하고 수립하여야 한다.

학습조직의 목표 확정은 학습조의 워크숍, 업무 AAR(After Action Review), 독서토론, 사례발표회 등을 통해 학습조별 목표를 수립하게 된다.

학습조의 목표수립을 위해서는 학습조의 학습계획이 수립되어야 한다. 특히 학습조의 학습과제를 선정하고 이를 위한 학습조 학습계획을 수립하여야 한다.

<표 4-12>에서처럼 과제의 달성에 필요한 필요역량, 그것의 목표수준, 역량의 확보방안 및 확보기간 등을 기입한다. 그리고 개인과 팀에 필요한 학습항목을 기입한다.

학습조가 달성할 목표의 수립은 다음과 같이 하면 효과적이다. 아울러 학습조의 목표를 달성한 이후에는 변화하는 조직의 모습을 그려보도록 한다.

- 목표는 가시적이고 측정이 가능한 것으로 한다.
- 무엇을(목표항목) + 얼마만큼(목표치) + 언제까지(시한)
- 방침은 목표달성을 위한 팀원들의 행동방향을 제시한다.
- 직관에 따른 의욕치를 반영한다.

<표 4-12> 학습조의 목표달성 계획서

학습조 학습	필요역량	역량의 목표수준 (현재 vs. 목표 비교)	역량의 확보방안	역량의 확보기간
개인학습				
선택학습				

(4) 개인(학습조)의 계획수립

학습조의 목표가 확정되면 다음에는 학습조와 개인이 그 목표를 달성하기 위한 학습계획을 수립하여야 한다.

먼저 개인의 계획수립은 학습조원 모두가 각각 학습계획을 수립하는 것을 의미한다. 학습리더도 자신의 학습계획서를 작성한다. 여기에는 개인의 역량강화를 위한 학습과제가 무엇이고 그것을 위한 학습방법의 선정과 학습목표를 기입하게 된다.(<표 4-13> 참조)

<표 4-13> 개인의 학습계획서

학습항목 (개인)	학습방법 (개인)	학습목표 (연간)	학습일정										평가지표
			1	2		10		15		29	30		

다음은 학습조의 학습계획을 수립하여야 한다. 학습조의 학습계획은 학습조의 워크숍을 통해 수립한 학습조의 학습항목과 개인 학습계획을 취합하여 정리하면 된다(<표 4-14> 참조). 여기서도 개인의 계획수립과 마찬가지로 학습방법과 평가지표 등을 기입하게 된다.

<표 4-14> 학습조의 학습계획서

학습항목 (학습조)	학습방법 (학습조)	학습목표 (연간)	학습일정										평가지표
			1	2		10		15		29	30		

학습방법으로 교육수강, 벤치마킹, 연구발표, 학습동아리, 인터넷 검색 등이 있을 수 있고, 평가지표로는 자격증의 취득자 수, 교육 수강인원, 발표회 수, 발표 건수 등이 있다.

(5) 실행과 분석

학습조직의 운영프로세스 가운데 가장 중요한 단계가 학습계획을 실행하고 분석하는 것이다.

이를 위해서는 학습계획의 실행이 가능하도록 하는 시스템을 마련하여야 한다. 다시 말하면 학습과제를 실행하기 위한 설계를 하여야 하는 것이다.

학습조직은 과거의 문제해결 기법과는 달리 현상파악이나 원인분석이 없이 주어진 과제를 어떻게 실행할 것인가에 대하여 토의를 하고 아이디어를 도출한다.

그것의 첫 단계가 선정된 과제를 실행하기 쉽도록 나누어, 구체적으로 실행할 항목을 도출하게 되는데, 그 요령은 다음과 같다.

- 과제를 어떻게 실행할 것인가의 결정
- 실행을 위한 주요 요소의 설정
- 실행의 주요 요소는 대상, 수단, 효과 등으로 구분

이렇게 하여 실행할 과제별로 구체적인 실행계획서를 작성한다. 각 항목의 실행계획은 시스템적 사고에 입각하여 작성한다.

<표 4-15> 시스템적 사고의 내용

순서	내용
목표(목적)의 명확화	무엇을, 얼마만큼, 언제까지를 명확히 확인한다.
입장의 명확화	해결의 주체가 누구인지(지위, 직책 등) 명확히 한다.
투입요소의 대책	목표달성을 위한 자원의 투입 대책을 수립한다.
프로세스의 대책	프로세스에서 예상되는 장애요인과 대책을 수립한다.
제약조건의 고려	실행에 따른 제약조건(환경, 가치 등)을 고려한다.
장애요인의 대책	문제해결을 위한 장애요인의 극복방안을 수립한다.

학습조의 목표, 과제해결자의 입장, 투입요소, 프로세스, 제약조건, 장애요인 등에 대한 대안을 수립하고 명확히 하여야 한다. 그 구체적 내용은 <표 4.15>와 같다.

실행할 과제는 그것의 실행계획서에 따라 다음 사항을 기본적 사고로 간주하면서 조심스럽게 실행한다. 학습과제별로 실행한 이후에는 실행한 결과, 즉 학습활동의 결과를 평가하여야 한다.

(6) 평가와 보상

학습조직을 시작하는 것만큼 잘 마무리 짓는 일도 매우 중요하다. 학습조직이 처음 조직될 때 설정하였던 목적을 충분히 달성하였다고 참여자들이 판단하여 합의가 이루어지는 경우에는 학습조직의 활동을 마감할 수 있다.

학습조직의 시작을 위해 충분한 준비와 검토의 과정을 거친 것과 마찬가지로, 마무리를 짓기 위해서도 역시 학습조직의 모든 구성원들이 참여한 가운데 지난 활동에 대한 성과와 부족한 점에 대한 평가가 이루어져야 한다.

학습조직의 활동이 성공적이든, 부족함이 있든 활동의 성과를 평가하는 일은 무엇보다 중요하다. 활동의 평가를 통해 학습조직의 운영방향이 결정된다.

학습조직의 활동을 평가할 때, 고려할 사항들을 소개하면 다음과 같다.
- 학습조직의 활동목적에 따라 이루어져야 했던 과업을 적도록 한다.
- 학습조원들 자신이 발견했던 중요한 성과들을 공유한다.
- 학습조원들이 학습조직 활동을 통해 배운 것을 다음에 어떻게 적용할 것인지 생각하는 기회를 제공하도록 한다.

- 학습조직 활동의 목적, 학습주제, 실천 활동의 지속에 대한 토론과정을 거친다.
- 학습조직의 활동내용이 조직이 처한 문제의 해결에 도움이 되었는지와 조직이 요구하는 것에 대하여 토론을 한다.

학습조직 활동의 결과는 팀과 개인으로 구분하여 각각의 평가항목과 평가방법을 정하여 평가하고, 그것을 인사고과에 반영하는 보상제도를 마련하여야 한다.

<표 4-16>과 같이 학습조와 개인의 두 부문으로 나누어 각각에 대한 평가항목(정량평가, 정성평가)과 평가방법 그리고 보상제도를 마련하여야 한다.

<표 4-16> 학습조직 활동의 평가안 예

평가부분	평가항목	평가방법	보상
학습조 부문 (1개 팀) 개인 부문 (리더 추천 2명)	정량평가(40%) - 목표달성도(3개월) 정성평가(60%) - 학습의지/성과 - 학습의 혁신성 - 내용의 개방성 - 실행의 파트너십	평가자 - 학습리더 평가(30%) - 학습간사 평가(30%) - 학습리더평가(즉석투표) - 학습간사평가(시트평가) 성과공유회를 통한 평가	- 월례모임 시상 - 도서상품권 지급 - 인사고과반영 (평균 15%)

학습조직 활동의 결과를 평가하고 보상하기 위해서는 경영진에게 활동결과보고서를 제출하여야 한다.

이 보고서에는 학습조직의 전체적 활동내용을 요약하고, 이와 함께 학습목표와 실제 결과치를 비교하여 보고하면 효과적이다(<표 4.17> 참조).

<표 4-17> 활동결과보고서

학습조직 활동내용			
		팀	개 인
정량 평가	결과		
	실적		
	달성률(%)		
정성 평가	결과		
	실적		
	달성률(%)		
보상(인센티브)			

5 학습조직의 원칙과 요소

학습 5원칙

셍에(Senge, 1990)는 기업에서 학습조직으로의 전환을 촉진시키는 5가지를 제시하고 있는데, 이를 학습원칙 또는 실천원칙이라고 한다. 학습조직을 구축하고자 하는 구성원들은 이 5가지 원리를 이해하고 일상 업무에서 이를 구체화하여야 한다.

(1) 비전의 공유(shared vision)

비전은 특정 개인이나 소수집단에 의하여 제시되는 것이 아니라, 전 직원 개개인의 비전과 리더의 비전 간에 끊임없는 대화를 통하여 얻어지는, 모든 구성원이 공감대를 형성할 수 있는 공동의 비전을 의미한다.

다시 말하면, 비전의 공유는 조직이 추구하는 방향이 무엇이며 왜 중요한지에 대하여 모든 구성원들이 공감대를 형성하는 것을 말한다.

비전의 설정은 설명·설득·검증·자문·공동창조 등의 일련의 단계들을 필요로 한다. 이를 위해서는 모든 구성원을 동등하게 대우하며, 그들의 의견을 수렴하고 조율할 수 있는 참여적 문화의 형성이 필요하다.

비전을 공유함으로써 지속적으로 학습활동을 전개할 수 있는 에너지의 제공이 가능해진다. 그리고 생성적 학습의 본질인 무엇인가를 창조할 수 있는 능력은 이 비전이 없이는 생겨날 수 없다.

(2) 정신적 모델(mental model)

정신적 모델은 학습조직의 구축을 위한 철학적 기반으로서, 세상을 바라보는 관점인 세계관을 말한다.

다시 말하면, 주변에서 일어나는 현상들을 이해하는 인식체계로서 학습조직을 위한 철학적 기반이 정신적 모델이다. 이는 곧 인식과 사고의 내면에 놓여 있는 준거의 틀이나 전제 또는 마인드 세트(mind set)를 의미한다.

정신적 모델은 개인과 조직의 사고체계와 행동양식에 직접적 영향을 미치며, 이러한 철학적 기반을 부단히 성찰(reflection)함으로써 새로운 사고의 전환을 기할 수 있게 된다.

이는 심리학의 인지이론에 바탕을 두고 있으며, 전략적 사고의 영역과 연계되어 새로운 변화관리를 주도할 수 있는 유용성을 지니고 있다.

(3) 개인적 숙련(personal mastery)

개인적 숙련이란 개인이 진정으로 지향하는 근본적이면서도 본질적인 가치의 창출을 위해 개인적 역량을 지속적으로 넓혀가고 심화시켜 가는 행위를 말한다.

다시 말하면, 개인이 자신의 비전과 현실 사이에 존재하는 간격을 메우기 위해 끊임없는 학습활동을 전개하여 삶의 전반에 걸쳐서 전문가적 수준이 되도록 하는 것이 개인적 숙련이다.

구성원이 개인적 숙련을 성숙시키기 위해서는 자기효능(self-efficacy)에 근거한 개개인의 권한위임과 함께, 일상적 업무활동 속에서 전개되는 시행착오를 통해 축적된 노하우와, 그것의 저변에 흐르는 인과법칙이나 근본원리를 지속적으로 발견하고 창출하고 개발할 수 있는 동기부여가 있어야 한다.

(4) 팀 학습(lean learning)

팀 학습을 위해서는 타인의 관점이나 의견을 존중하면서 자신의 의견을 밝히는 가운데 서로의 생각들이 유연하게 교감할 수 있는 대화와 토론의 문화가 필요하다.

조직구성원의 역량확대를 위해 그들의 지식, 관점, 의견의 상호교환이 이루어짐으로써 학습조직의 활성화가 이루어진다.

이를 위해, 기능적 전문화에서 오는 조직의 벽을 허물고 보다 신속한 혁신의 결과들을 가져오기 위해 다기능 팀(cross0functional team)을 조성하여 학습능력을 증진시키는 동시에 대화나 토론의 장을 마련할 필요성이 증대되고 있다.

(5) 시스템적 사고(systems thinking)

시스템 사고란 현상을 이해하고 이를 바탕으로 문제를 해결하려는 수단이다.

다시 말하면, 선형적 관계를 전제로 변수와 변수 간의 부분적 현상을 이해하거나 또는 이에 집착하는 것을 배제하는 한편, 전체를 인지하고 이에 포함된 부분들 사이의 순환적 인과관계 또는 역동적인 관계를 이해할 수 있게 하는 사고의 틀을 의미한다.

체계적 사고는 단편적 사안에 대한 수동적 대응이 아니라, 행동유형이 복잡하게 얽혀 있는 구조적 복잡성을 통찰할 수 있는 사고양식이다.

이러한 체계적 사고는 직선적인 사고논리보다는 원형적인 사고논리의 중요성을 강조한다. 이른바 전체를 볼 줄 아는 총체적 사고가 필요하다. 부분들 사이의 인과관계, 역동적 관계를 이해하면 능력이 획기적으로 향상될 수 있다는 것이다.

학습조직 11요소

페들러 등(Pedler, Burgoyne & Boydell, 1991)은 살아 숨 쉬는 동적 이미지를 위해 정적인 학습조직 대신에 학습기업(learning company)이라는 개념을 사용하였다.

조직이 추상적이고 생동감이 없는 뉘앙스를 풍긴다면, 기업은 공동목표의 달성을 위해 팀의 구성원들이 서로 협력하여 프로젝트를 추진하는 생명력 있는 유기체로 보았던 것이다. 그들이 주장하는 학습기업의 11요소는 다음과 같다.

(1) 전략에 대한 학습적 접근
학습조직은 조직의 정책과 전략을 수립하고, 이를 실행·평가하며, 그 결과를 토대로 수정·보완하는 일련의 학습과정으로 간주하고 있다.

(2) 참여 지향적 정책의 형성 추구

정책과 전략의 형성 과정에 모든 구성원들을 적극적으로 참여시켜 그들의 다양한 관점과 시각을 반영하도록 한다는 것이다.

(3) 정보공유의 촉진

학습조직은 첨단기술을 이용하여 다양한 정보를 공유할 수 있는 메커니즘이나 경로를 구축한다는 것이다.

(4) 형성적인 회계와 통제

학습조직은 회계, 예산 및 보고체계가 학습활동을 촉진시킬 수 있도록 재구성하며, 금융담당자로 하여금 회계 관련 컨설턴트의 역할을 수행할 수 있도록 한다.

(5) 사내 의사소통의 촉진

학습조직은 구성원의 의사소통 활동을 지속적으로 촉진시켜 상호간의 요구나 기대 또는 갈등 요인을 스스로 해결하도록 한다는 것이다.

(6) 보상구조의 융통성

학습조직이 활성화되기 위해서는 구성원의 창의성과 혁신성의 실천정도에 상응하는 다양한 보상체계를 구축하여야 한다는 것이다.

(7) 유연한 수평적 조직구조

학습활동이 효과적으로 이루어지기 위해서는 신속한 의사결정과 변화에 대한 능동적 대처를 할 수 있는 수평적 조직구조로 재편되어야 한다는 것이다.

(8) 정보채널의 구축

조직 내부에 새로운 정보가 계속적으로 유입되기 위해서는 외부와의 공식적·비공식적 정보채널이 구축되어야 한다는 것이다.

(9) 기업 간의 학습활동

학습조직이 활성화되기 위해서는 상호 간에 배울 수 있는 학습기회를 지속적으로 형성해 나가야 한다는 것이다.

(10) 학습 분위기의 조성

학습조직이 활성화되기 위해서는 학습 분위기를 조성해 주어야 한다는 것이다.

(11) 자기개발 기회의 확대

학습조직이 활성화되고 학습활동이 효과적으로 이루어지기 위해서는 자기개발의 기회가 확대되어야 한다는 것이다.

PART 5 | **문제해결**

1 문제해결자

문제해결이란 문제의 근본원인(본질의 문제)을 찾아서 그것을 해결하는 방안을 생각해내는 것을 말한다.

문제해결에서 중요한 것은 문제의 근본원인을 찾아내는 것이다. 그러나 그것이 용이하지 않기 때문에 조직에서는 그것을 담당하는 문제해결자(problem solver)를 필요로 한다.

문제해결자는 문제의 근본원인을 찾는 어려움에 도전하고 해결방법을 생각해내는 사람이다. 학습조직이 문제해결자의 역할을 한다.

문제해결의 기술은 학습에 의해 습득할 수 있다. 그래서 오늘날 기업들은 신입사원들을 대상으로 문제해결의 기술을 교육하고 있는 것이다.

문제해결에서는 학습조직이 효과적이기는 하지만, 그것의 효과에 대해서는 의문시되는 것이 사실이다. 그것은 학습조원들이 학습조직의 운영기술에 대해 훈련을 받지 못하면, 학습조직의 성공을 기하기 어렵다는 것이다. 특히 학습조원들에게는 문제해결의 기술을 가르쳐야 한다.

2 문제해결의 과정

조직에서 문제해결은 어떠한 과정(단계)을 거쳐서 이루어지는가? 조직은 문제해결을 통하여 점진적 개선을 추구해 나간다. 문제해결을 위한 점진적 개선은 경영성과를 향상시키기 위한 구성원 모두의 노력의 결과이다.

문제해결자가 되기 위해서는 다음의 단계들을 이해하면서, 문제해결의 능력(기술)을 배워 나가야 한다.

문제해결의 과정 1

미국의 Manchester House Nursing and Covalcsent Center에서는 간호부서로부터 저녁식사가 제때에 배달되지 않아, 직원들이 식은 음식을 먹는다는 불평을 접수하였다.

이 문제를 해결하기 위하여 센터는 질향상 팀을 구축하고 간호스태프를 대상으로 설문조사를 실시하였다.

설문조사를 통해 명확한 문제 파악이 이루어졌다. 식은 음식을 먹게 되는 것은 음식이 늦게 도착한다는 것과 일찍 도착하여도 식은 음식을 먹어야 한다는 사실을 얻었다. 직원들이 식은 음식을 먹게 되는 두 원인을 파악한 것이었다.

문제의 해결을 위하여 센터는 직원들이 즐겨 먹는 음식은 서빙라인에서 가장 가까운 곳에 배치하도록 하였는데 그것은 직원들의 행동반경을 최대한 줄이기 위한 것이었다.

한편 센터는 동일한 식탁에 앉은 직원들의 동시적 식사가 가능하도록 음식배달 시간을 재조정하고 카트를 재배치하였다. 그 결과 직원들은 서비스 개선에 만족을 표시하였다. 이상의 사례를 근간으로 문제해결의 과정을 단계별로 살펴보자.

(1) 문제의 확인

문제해결의 1단계는 고객만족 대상의 주요 문제들을 확인하는 것이다. 문제의 확인은 자료를 수집하고 판단하여, 서비스가 고객들의 불평을 사는 징후들을 살펴봄으로써 가능하다.

앞의 사례에서 문제는 직원들이 식은 음식을 먹는다는 것이었다. 직원들로부터 여러 번의 불평을 접수하였고, 설문조사를 통해서도 그 사실과 원인을 확인하였다.

(2) 문제의 분류

문제해결의 2단계는 문제를 분류하고, 필요시 그것의 우선순위를 정하는 것이다. 대체로 문제들은 기업이 가치를 고객들에게 제대로 제공하지 못하는데 그 원인이 있다고 할 수 있다.

앞의 사례에서, 직원들이 식은 음식을 먹는 문제는 음식이 늦게

도착한다는 것과 일찍 도착하여도 식은 음식을 먹는 것으로 분류할
수 있다.

(3) 책임의 할당

문제해결의 3단계는 문제를 분명히 규정하고 문제의 범위와 가능
한 해결책에 관한 정보를 확인하고 책임을 할당하는 것이다.

앞의 사례에서 이 책임을 질향상 팀에 할당하였고, 이 팀이 설문
조사를 통하여 문제의 범위와 해결의 가능성을 찾았다. 즉, 직원 수,
식사시간, 서빙라인 등에서 해결책을 찾을 수 있다.

(4) 문제해결 기술의 적용

문제해결의 4단계는 문제의 본질과 원인을 보다 잘 이해하기 위
하여, 문제해결의 기술을 적용하는 것이다. 이 과정을 통하여 가능
한 해결책이 제시된다. 고객만족이라는 문제의 해결에 유용한 기법
들은 뒤에서 논의된다.

(5) 실행

문제해결의 마지막 단계는 실행이다. 이 단계에서는 팀의 아이디
어, 분석 그리고 해결책들이 행동으로 옮겨진다. 따라서 팀의 실행
단계들을 수립하고 책임을 할당하고 결과를 얻을 필요가 있다.

문제해결의 과정 2

앞의 사례를 문제해결의 과정 2에도 적용하여 보자. 앞의 사례를 다음에 소개하는 단계별로 설명할 수 있을 때, 문제해결의 능력을 배우게 된다.

(1) 문제를 파악한다

문제를 이해하기 위해서는 문제의 깊이, 넓이 등 전체를 보는 능력이 필요하다. 모든 문제를 대할 때는 전체를 이해한 다음에 세부적으로 파고들어 가야 하는 것이다. 그것은 문제의 전체적 그림을 그린 다음에, 세부적으로 들어가는 것이 이해하기가 쉽기 때문이다.

그런 다음에는 문제를 맡을 적임자를 판단해야 한다. 자신이나 팀이 적임자가 아니라면, 문제해결을 더 잘할 수 있는 사람에게 넘겨야 한다.

만일 적임자라고 생각하면 필요한 자원은 있는지, 시간은 얼마나 걸리는지, 장애물은 무엇인지, 예상되는 이익은 무엇인지 등의 질문에 답할 수 있어야 한다.

(2) 문제를 둘러싸고 있는 환경을 이해한다

이것은 문제해결을 위해 무엇을 알아야 하는가를 의미한다. 이를 위해 문제의 환경을 프로세스로 파악하여, 전체적인 모습을 본 이후에 세부적인 내용으로 들어간다.

(3) 데이터 수집의 효과적인 방법을 배운다

이는 필요한 데이터(정보)를 어떻게 수집하며, 어떤 순서로 진행하는 것이 좋은가의 문제이다. 대부분의 정보는 공개되어 있어 접근이 용이하지만, 그것을 수집하고 분석하는 데 시간과 자원이 필요하다.

데이터의 수집에는 문제의 양상을 조사하고 그 밑에 깔린 원인과 전체적인 영향을 파악하는 일도 포함된다. 데이터 수집의 방법으로 작업흐름 분석, 실문조사, 작업공정도, 인터뷰 등이 있다.

데이터의 분석에서는 데이터의 차트화와 프레임워크의 사용이 필요하다. 데이터의 차트화는 내용을 보기 편하게 함은 물론 생각하는 것을 도와준다. 차트의 작성에서 이해도와 설득력을 높이기 위해 숫자를 사용하게 된다.

그리고 프레임워크(틀)는 문제해결에 필요한 수많은 정보들을 정리하는 도구이다. 문제해결자의 고민은 수많은 정보를 수집·가공·분석·통합(정리)하는 어려움인데, 이때 유용한 도구가 프레임워크이다.

정보의 분석 자체만으로는 의미가 없다. 그것이 가지는 의미를 이해할 때 그것의 가치가 있는 것이다. 분석결과가 가지는 의미를 이해시키기 위한 프레임워크를 작성할 때 그것을 이용하면 훨씬 더 이해가 쉬워진다.

(4) 문제를 브레인스토밍한다

모든 문제의 해결과정에는 브레인스토밍이 필요하다. 브레인스토밍을 할 때는 다음의 사항들을 지켜야 한다.

- 누구의 아이디어라도 평가하거나 판단하지 않는다.
- 다른 사람의 아이디어를 토대로 자신의 아이디어를 낸다.
- 더 좋은 아이디어를 얻기 위해 노력한다.
- 엉뚱하고 무모한 아이디어라도 환영한다.

- 가능한 한 많은 사람이 참여하여 아이디어를 내도록 한다.

(5) 선택할 사항과 해결책을 탐색한다

문제에 대한 시각과 의미를 이해하는 데 수평적 사고가 중요한 역할을 한다. 그러기 위해서는 엉뚱하고 무모한 아이디어라도 무시하지 않도록 하여야 한다. 풍부한 아이디어를 얻고 선택의 폭을 넓혀가면서 해결책을 찾도록 한다.

가장 좋은 해결책을 탐색하기 위해 많은 제안들 중에서 가장 현실성 있는 것을 골라 최종목록을 만들어, 그것들 중에서 엄격한 기준에 따라 선정된 해결책의 이점과 비용을 계산한다. 이때 모든 해결책은 다른 문제를 일으킬 수 있음, 즉 결과가 따른다는 사실을 알아야 한다.

(6) 해결책을 실행하고 평가한다

해결책은 정해진 기일 내에 계획에 따라 실행되어야 한다. 실행의 과정에는 다음의 지속적인 검토와 확인이 필요하다.
- 기한을 지킬 수 있는지?
- 개선된 것을 측정할 수 있는지?
- 팀원들 모두가 만족하며 의사소통은 원활한지?

그리고 해결책을 평가하기 위해서는 해결책이 효과적인지, 그리고 문제를 해결하는 과정에서 무엇을 배웠는지 등의 질문에 답하여야 한다.
조직에서의 모든 경험은 지식과 경험으로 축적될 때 가치가 있다. 평가 과정의 효율성과 결과에 대한 사람들의 의견을 조사하여야 한다.

이상의 단계들은 문제해결에 필요한 스킬이다. 모든 문제는 해결이 가능하다. 해결이 불가능한 문제는 없다. 이것은 문제해결 방법의 기본전제이다.

그리고 문제가 생기면 항상 "무엇 때문에" 또는 "왜"라는 생각을 하여야 하며, 문제의 원인을 찾도록 하여야 한다. 너무 많은 방법을 활용하기보다는 가장 잘 맞는다고 생각되는 방법 한 가지만을 찾는 것이 바람직하다.

그리고 문제해결 팀은 문제를 다양한 시각에서 볼 수 있도록 다양한 분야의 대표자 중심으로 구성하는 것이 바람직하다.

3 문제해결의 협력

학습조직이 원활하게 기능하기 위해서는 학습조 내 협력이 있어야 한다. 이를 통해 학습조는 팀으로서, 학습조원은 팀원으로서, 학습조장은 리더로서, 그리고 경영자는 경영자로서의 역할과 책임을 다하여야 한다.

학습조의 임무

문제해결 팀인 학습조의 임무는 다음의 사항을 달성하는 것이어야 한다.
- 문제를 명확히 서술한다.
- 문제로 인한 비용과 그 파급효과를 산출한다.
- 원인과 해결책을 제시한다.
- 최선의 해결책을 추천한다.
- 해결책을 실행하는 데 소요되는 비용과 행동범위를 제시한다.
- 만일 해결책이 학습조원들이 이용할 수 있는 범위나 자원을 벗어날 경우에는 서면이나 구두로 보고서를 상급자에게 제출한다.

학습조원의 임무

학습조원은 학습조가 수행되도록 하는 특수한 역할을 가지고 있다. 학습조원은 다음과 같은 임무를 수행하여야 한다.
- 집단의 성공을 위한 책임을 받아들인다.
- 적극적으로 참여한다.
- 할당된 책임을 수행한다.
- 학습조의 회합에 참석한다.
- 적극적인 참여자가 된다.

학습조장의 역할

학습조의 리더는 조원(팀원)들과는 역할이 다르다. 학습조장은 학습조의 리더로서 팀이 원활하게 기능하도록 하여야 한다. 학습조의 리더는 다음의 역할을 수행하여야 한다.
- 회합을 위한 스케줄을 정하는 것
- 회합을 정시에 갖는 것
- 토론을 논제에 집중시키는 것
- 참여를 권하는 것
- 팀이 명확한 결정을 하도록 보장하는 것

경영자의 역할

경영자는 학습조직이 효과적으로 운영될 수 있도록 다음과 같은 자신의 역할을 이해하여야 한다.
- 문제해결을 학습조에 위임하는 것
- 팀원들의 경직된 조직적 경계선을 극복하도록 하는 것
- 필요한 시간과 자원을 배분하는 것
- 학습조의 활동, 계획 그리고 진척도를 날짜대로 계속해서 기록하는 것
- 학습조와 학습조원들에게 보상을 하고 인정해주는 것

4 문제해결의 기법

　조직의 문제를 해결하는 기법으로는 산술적 기법과 서술적 기법이 있다. 산술적 기법은 통계적 지식을 이용한 기법이고, 서술적 기법은 질적 자료를 이용하는 기법이다. 산술적 기법과 서술적 기법의 구체적 내용은 <표 5-1>과 같다.

<표 5-1> 점진적 개선을 위한 문제해결의 기법

산술적 기법	서술적 기법
체크시트(check sheet)	흐름도(flow chart)
히스토그램(histogram)	PDCA 사이클
파레토도표(pareto diagram)	브레인스토밍(brainstorming)
원인-결과 도표(cause and effect diagram)	연관도(affinity diagram)
산포도(scatter diagram)	품질기능배치(QFD)
연속도표(run chart)	다구치기법
관리도(control chart)	벤치마킹(benchmaking)

　이상의 기법 모두를 점진적 개선을 위한 문제해결을 하는 데 사용할 필요는 없다. 대부분의 기업에서 많이 사용하는 산술적 기법은 파레토 도표와 원인-결과 도표 등이고, 서술적 기법은 PDCA 사이

클, 브레인스토밍, 품질기능배치 등이다. 품질기능배치는 최근 들어 의료조직을 비롯한 서비스업에서 많이 사용한다.

조직의 구성원들에게는 적어도 이들 3~4가지 기법에 중점을 두고 교육을 시킬 필요가 있다. 중요한 것은 직원들이 문제에 직면했을 때 적용할 수 있는 방향으로 교육/훈련이 이루어져야 한다는 것이다.

산술적 기법

앞의 사례에서 설명한 서비스 질의 개선을 위한 문제인식은 적당한 기법들이 함께 사용될 때, 그 효과를 크게 얻을 수 있다. 기업들이 실제로 서비스 질의 개선을 위해 가장 많이 사용하는 기법들은 다음과 같다.

(1) 체크시트

체크시트(check sheet)는 문제가 발생하는 빈도를 조사하고, 과정개선이나 문제해결의 시작단계에서 주로 이용한다. 체크시트는 자료수집에 목적이 있어, 그것에 따라 기록양상이 달라진다.

자료수집의 목적에 따라 발생빈도를 나타내기도 하며, 문서 위에 표시를 하여 문제점을 기록하거나 문제의 중요성을 밝혀주기도 한다. <표 5-2>는 문서 위에 표시와 기록을 할 수 있는 조립공장의 체크시트이다.

이처럼 체크시트는 설명을 불필요하게 만드는 자료수집의 특수한 형태이다. 즉, 자료수립을 쉽게 하고, 간단한 분석을 위하여 자료의 요약을 제공한다. 체크시트를 이용하기 위해서는 다음의 4단계를 거치게 된다.

- 서비스 질과 관련된 관찰대상을 정한다.
- 관찰시간대를 정하기 위하여 발생빈도와 경과시간을 적는다.

- 정보를 기록할 간단하고 이용이 편리한 양식을 개발한다.
- 자료를 수집하고 양식을 기록한다.

<표 5-2> 조립공장의 체크시트

Process Audit Checklist			

Plant   Sunnuvale   Date   March 15. 1991

Prodect/Area   Dwonconverter   Auditor _____

Station   Final Assembly

DOCUMENTATION
Part 1

No.	DOCUMENT DESCRPTION	AVALABLITY		COMVENTS
		YES	NO	
1.	Assembly Instructions		∨	Working to "red lined"prints
2.	Inspection Instructions	∨		
3.	Workmanship Standad		∨	Available. but not completely applicable to this area
4.	Calibration Procedure	∨		Torque drivers and electronic test equipment
5.	Test Instructions		∨	
6.	Fabrication Methods		∨	
7.	Station Layout	∨		No formal training program
8.	Training Records		∨	
9.	Product Specification	∨		
10.	Tooling Drawings	N/A		

(2) 히스토그램

히스토그램(histogram)은 다른 사건이나 특정 빈도의 수를 막대그래프로 나타내는 것이다. 따라서 막대그래프는 도수분포를 나타낸다. 자료를 종류별로 구분하고, 측정의 결과를 도수분포로 나타낸다.

이 방법은 체크시트와 파레토 도표와 함께 이용될 수 있으며, 전체적 문제의 양상을 나타내는 막대(측정치의 빈도)를 그래프로 보여준다.

<그림 5-1>은 병원의 수술방 이용에 관한 히스토그램을 보여준다. 수술방은 오전 8시에서 정오까지가 가장 이용률이 높고, 오후 5시에서 7시까지가 가장 이용률이 낮음을 알 수 있다.

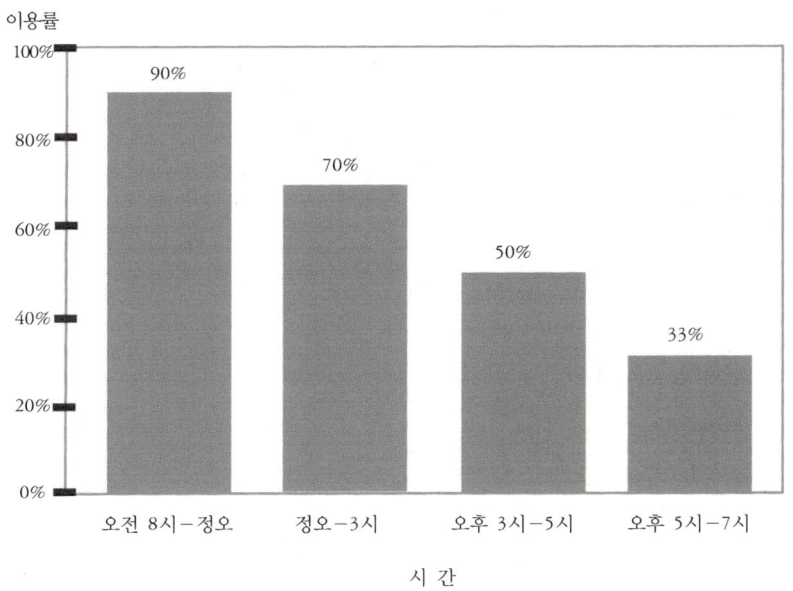

<그림 5-1> 수술방 이용에 관한 히스토그램

(3) 파레토 도표

파레토 도표(pareto diagram)는 요인들의 순위를 정하여, 그 요인들을 분리하고 발견하는 데 유용하다. 즉, 문제의 우선순위를 결정하는 간단한 방법이 파레토 도표이다. 우선 다양한 불량 요인별로 불량 개수를 조사하여, 이 자료를 바탕으로 빈도분포를 만든다.

이때 분포는 가장 중요한 문제가 무엇이며, 과연 노력할 가치가 있는지를 알려준다. 파레토 도표를 만들기 위해서는 다음의 단계를 거친다.

- 품질에 영향을 주는 요인들을 발견한다.
- 불량(불일치)이 각 요인과 얼마나 관련되는지 측정한다.
- 이를 막대 도표로 기록한다. 막대의 길이가 빈도와 비율을 나타낸다.

예를 들어, 병원에서 수술이 지연되는 이유는 여러 가지가 있을 수 있다. 앞의 수술이 지연되거나, 의사가 늦게 오거나, 환자가 늦게 오거나, 회복실에 빈자리가 없는 경우 등 여러 사유로 인해 수술이 지연된다. 이들 각각의 비율이 10%, 7%, 3%, 1% 등이라면, <그림 5-2>와 같은 파레토 도표를 작성할 수 있다.

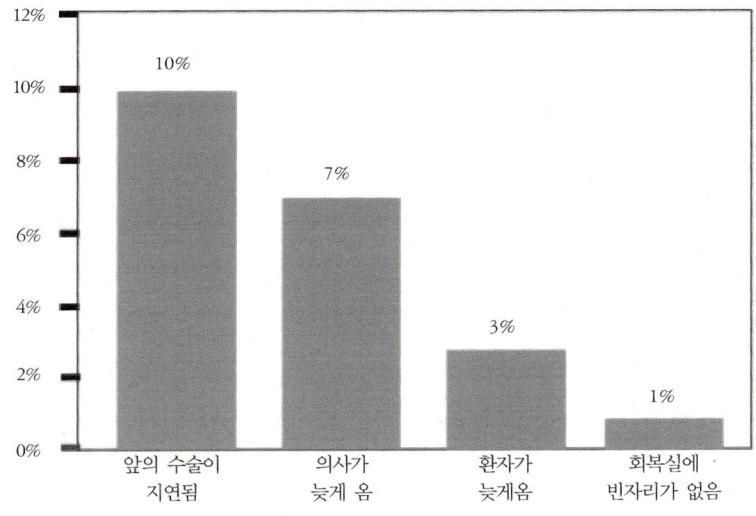

이용률

12%

10% ─ 10%

8%

6% ─ 7%

4%

3%
2%
1%

0%

앞의 수술이   의사가   환자가   회복실에
지연됨   늦게 옴   늦게옴   빈자리가 없음

<그림 5-2> 수술이 지연 사유에 대한 파레토 도표

(4) 원인 – 결과 도표

원인 – 결과 도표(cause and effect diagram)는 원인을 해결하여 문제를 제거하는 데 효과적이며, 다수 요인이 과정에 미치는 결과를 이해하는 데 도움을 준다.

문제의 근본적 원인을 밝혀내고 확인하기 위하여, 다양한 자료의 수집과 분석을 요하며, 원인 – 결과 사이의 인과관계를 정확하게 연결시킨다.

원인 – 결과 도표는 생선뼈를 연상시켜 어골도(魚骨圖)라고도 한다. 과정의 요소는 생선뼈로 그려지며, 모든 요소들은 생선의 머리인 결과를 향한다. 도표의 머리 부분은 결과를 나타내며, 뼈는 잠재적 요인들이다.

몸체의 큰 뼈는 주요 요인을 표시하고, 작은 뼈는 부차적 요인으로서 근본원인이 규명될 때까지의 "왜"라는 질문을 계속하여 구하게 된다. 필요한 경우, 원인의 분류를 용이하게 하기 위하여 제시되는 일반적 범주가 있다.

제조업의 경우에는 4M, 즉 인력(manpower), 자재(material), 작업방법(method), 장비(machine) 등이 원인의 범주로 제시된다.

그리고 서비스업의 경우 4P, 즉 인력(people), 시설(plant and equipment), 정책(policies), 절차(procedure) 등이 원인의 범주로 제시된다.

<그림 5-3>은 종합병원의 병실배정 지연을 원인-결과 도표로 나타낸 것이다. 지연의 주요 원인으로 자원, 시기, 시설, MD 절차, 병원업무의 절차, 의사소통 등으로 나누어, 여기에 부차적 요인을 모두 기입하고 있다. 이렇게 하여 완성된 도표를 확대하여 제시하면, 모두가 원인-결과를 인지하게 된다.

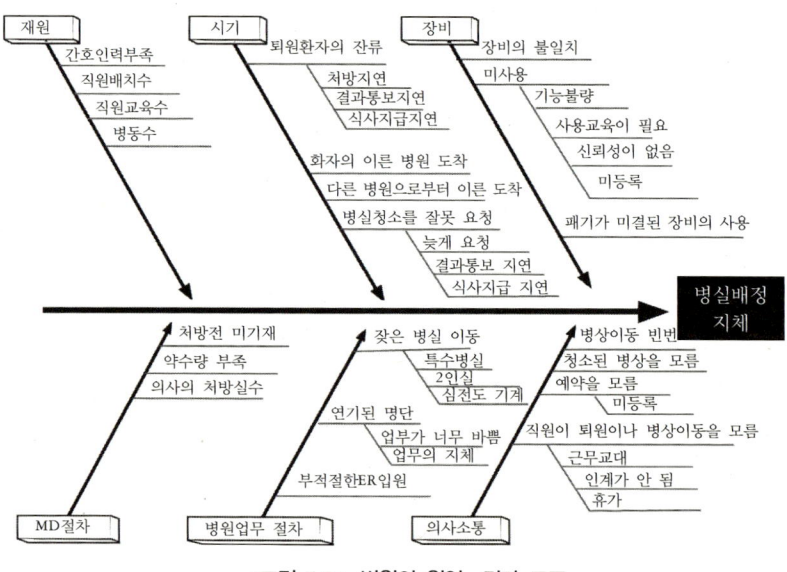

<그림 5-3> 병원의 원인-결과 도표

(5) 산포도

산포도(scatter diagram)는 두 변수 사이의 관계를 그림으로 나타낸 것이다. 두 변수의 관계를 알아내기 위하여, 수직 축과 수평 축에 두 변수를 표시한다.

자료수집을 통하여 해당 위치에 표시한 점들이 아무런 패턴을 보이지 않으면, 상관관계가 없는 것이 된다. 만일 관계가 정 또는 부로 나타나면, 매우 유용한 정보를 얻을 수 있다.

<그림 5-4>는 연휴기간의 길이와 병상의 이용률 간의 관계를 산포도로 나타낸 것이다. 두 변수의 관계는 정－부 어느 관계도 보이지 않아 연휴와 병상이용률은 어떤 관계가 없는 것으로 이해할 수 있다.

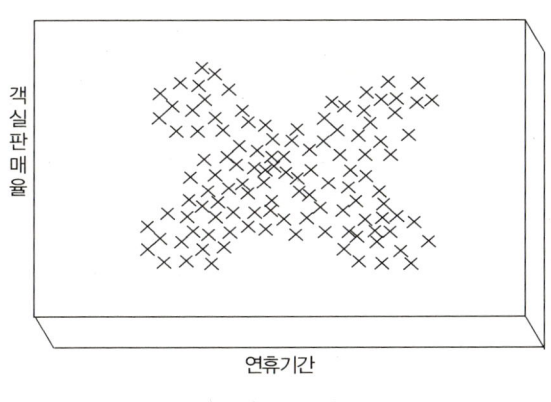

<그림 5-4> **산포도**

(6) **연속도표**

연속도표(tun chart)는 다음에 설명하는 관리도와 비슷하지만, 관리한계를 가지지 않는 점에서 차이가 난다. 또한 관리도가 표본조사의 평균값을 이용하는 것과는 달리, 개별 측정값을 이용한다.

연속도표는 이 측정값을 건별로 혹은 고객별로 기록하는 것이다. '시계열 도표'라고도 불리는 이 도표는 변수의 행태를 시간의 경과에 따라 나타낸 것이다.

<그림 5-5>는 보험고객의 불만접수를 연속도표로 나타낸 것으로, 수평축이 시간의 경과를, 수직축이 측정단위인 불평고객의 수를 나타낸 것이다.

이처럼 연속도표는 일정기간의 자료 변화 추세를 보여준다. 추세를 발견하면 과정이 통제의 상태에 있는지, 아니면 특수요인이 작용하고 있는지를 알 수 있다.

다시 말하면 연속도표는 관리도와는 달리 과정이 통계적 통제 상태하에 있는지 확정적으로 밝히지는 못하지만, 과정이 변화되었다는 증거는 제공할 수 있다.

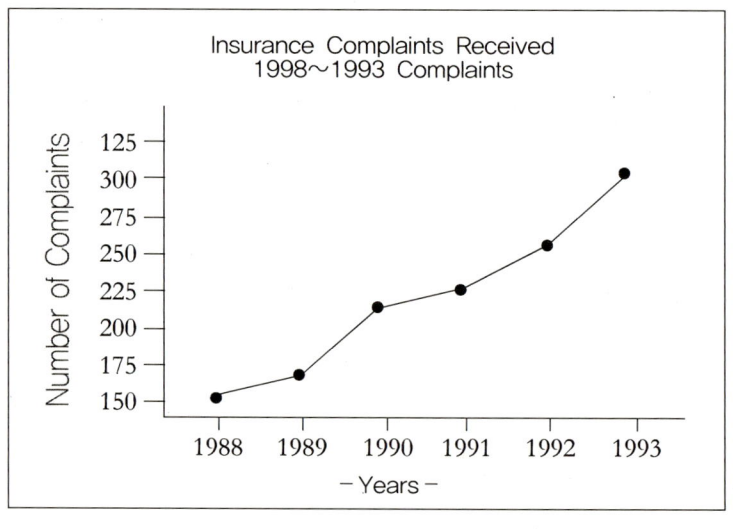

<그림 5-5> 연속도표

(7) 관리도

　관리도(control chart)는 통계적 과정관리 기법의 하나이며, 과정의 투입이나 결과를 검사하는 데 이용되었다. 과정의 결과는 항상 분산되며, 통계적 분포를 보이게 된다.

　그러므로 양질의 상품을 제공하기 위해서는 과정이 주기적으로 측정되어, 계획대로 운영되었는지 확인하여야 한다.

　통계적으로 과정능력 혹은 과정의 적절성을 판단하는 방법이 관리도이다. 관리도는 통계적으로 관리한계선을 결정하기 위한 단순화한 방향도표이다.

　관리한계는 각각의 측정치들이 평균에서 얼마나 벗어나 있는지 판단해 줌으로써 과정의 변화 여부를 알 수 있다.

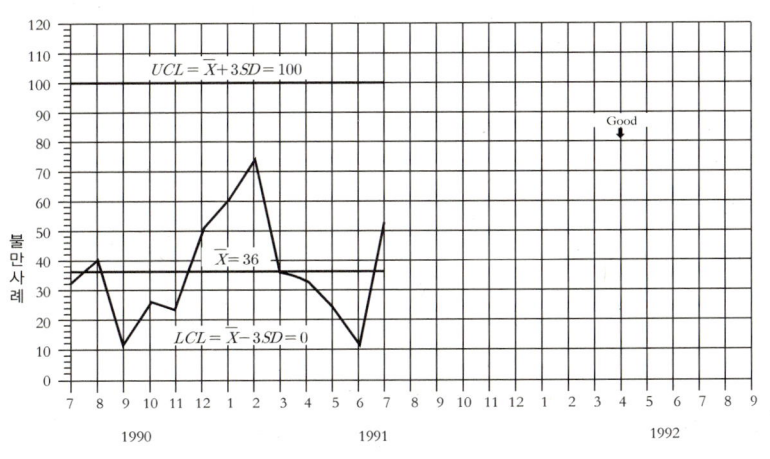

<그림 5-6> 관리도

　<그림 5-6>은 관리도의 예이다. 관리도에는 중앙선·관리상한·

관리하한 등이 있는데, 이들 값이 정해지면 표본값을 비교할 기준이 정해진다. 관리도를 작성하는 일반적 절차는 다음의 단계들이 있다.

- 주기적으로 일정 수의 표본을 추출한다.
- 표본 내의 불량수를 관찰하고 자료를 도표로 만든다. 평균값을 먼저 계산한다.
- 관리한계를 계산한다. 만일 하한치가 음수 값이며 0으로 대체한다.
- 평균값을 중앙선으로 하여 관리한계를 그린 후, 표본값을 도표에 표시한다.
- 표본 값이 관리한계 내에 위치하며, 중앙선과 관리한계를 관리 목적으로 이용한다.

서술적 기법

앞의 사례에서 본 산술적 개념에 바탕을 둔 기법 이외에도 질적 자료를 관리하는 데 필요한 서술적 기법도 이용될 수 있다. 주요한 서술적 기법들을 설명하면 다음과 같다.

(1) 흐름도

흐름도(flow chart)는 특정 업무의 과정에 필요한 모든 단계를 도표로 표시한 것이다. 이의 목적은 실제적으로 어떤 일이 행해졌는지 살피는 것이다.

활동이 생산적인지 비생산적인지 확인할 수 있다. 흐름도는 사람, 생산품, 설비, 정보의 흐름이나 움직임을 표시하는 데 사용할 수 있다.

흐름도를 작성할 때는 기호를 사용한다. 타원형(○)은 출발과 멈춤을 의미하고, 직사각형(□)은 프로세스의 절차나 조치를 의미한다.

그리고 다이아몬드 형(◇)은 의사결정의 시점을 의미하고, 원형(○)은 흐름도에서 거리에 의해 분리되는 두 부분 사이의 연결을 나타낸다.

처음에는 아주 일반적인 흐름도를 작성한 후, 상황에 적합한 세부적 단계로 확대하여야 한다. 만약 흐름도가 너무 일반적이면 개선의 기회를 잃게 될 것이고, 반대로 흐름도가 너무 세분화되면 불필요한 자원을 소비하게 될 것이다. 병원의 흐름도를 나타내면 <그림 5-7>과 같다.

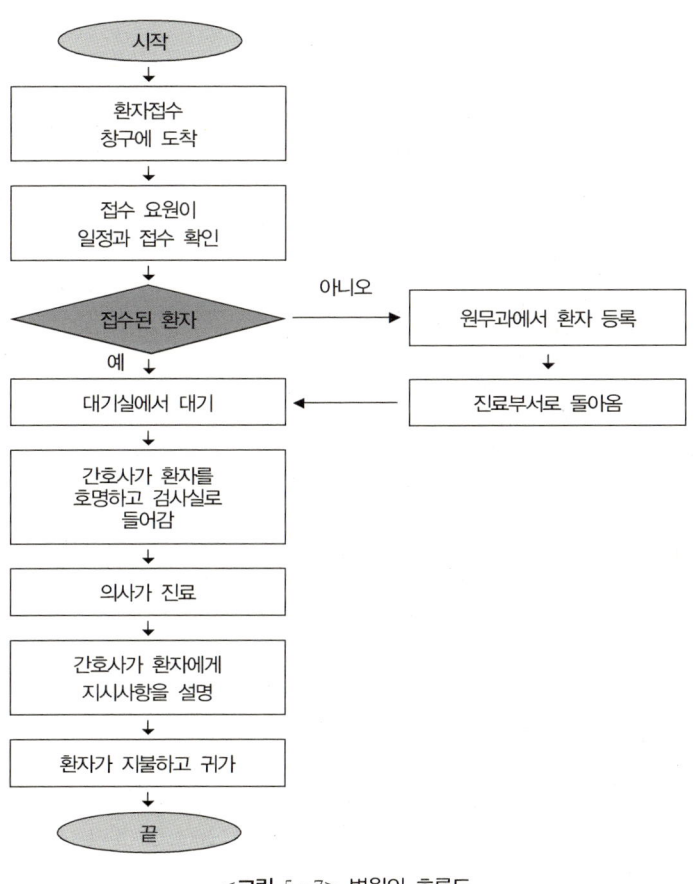

<그림 5-7> 병원의 흐름도

흐름도는 의사소통과 이해를 향상시킨다. 하지만 흐름도의 실제
적 이점은 잠재적 개선의 여지를 파악할 수 있다는 것이다. 흐름도
를 조사하고 해석하는 지침은 <표 5-3>과 같다.

<표 5-3> 흐름도의 지침

주제	방법/접근	해석/활동
서비스/진료결과/ 정보의 최종적 이용	최종적 서비스, 진료결과 혹은 정보가 고객에게 유용한지 검토	만약 유용하지 않다면 - 고객요구사항을 평가하거나 전체과정을 제거 만약 유용하다면 - 향상되는 가치는 무엇인가
무/제한적인 가치	다음의 관점에서 가치가 증가되 는지를 검토한다. - 프로세스의 다음 고객 - 외부고객	만약 가치가 없다면 - 절차를 없앤다. - 변화의 이익을 입증한다.

피드백이나
재작업경로
	- 역행경로, 특히 자주 반복되는
	  활동에 대해 검토
	- 과정에서 피드백/재작업경로가
	  얼마나 멀리까지 되풀이되는
	  지 결정
		- 역행경로는 보통 재작업이 따르
		  기 마련이다. 재작업에 대한 요
		  구사항을 감소시키기 위해 과정
		  을 개정한다.
		- 한 과정에서 더 멀리까지 되풀
		  이될 때 영향은 더 크다.

명확한 활동이 따르지 않는 결정들	모든 결정(다이아몬드형의 상자) 들을 검토한다. 각각에 대한 명확 한 행동이나 결과가 있는가?	정의되지 못하거나 빈약하게 정의 된 빈번하지 않은 결과의 공통적인 문제점
이중의 또는 반복된 행동	흐름도에서 이중의 반복된 혹은 유사한 행동을 찾는다.	가능하다면 합한다. 조정한다. 공급 자의 수를 줄인다.
다양한 검토/승인	다양한 검토나 승인 단계를 찾는다. 여러 번 다루어진 형식을 찾는다.	이것은 보통 가치를 증가시키기보 다는 검토/승인 단계를 감소시킨다. 사람들에게 권한을 부여한다.
소수의 대응활동/ 많은 연속적 활동	연속되는 업무에서(하나가 다른 것을 뒤따른다) 앞 단계의 요구사 항을 검토한다.	만약 연속되는 업무에서 앞 단계의 요구사항이 없다면, 시간을 줄이기 위하여 대응 속에서 해야 한다.
연결의 입증	공급자, 고객과 함께 흐름도에서 상호이해를 점검한다.	만약 이해가 다르다면 고쳐야 한다.
의사결정의 수	결정사항(다이아몬드 부호)의 수 를 센다.	- 더 많은 결정사항이란 더 복잡 한 과정을 의미한다. - 복잡성의 필요도를 파악한다.

이용되는 동사 검토	직사각형 부호의 동사들을 검토한다. - 수작업 업무 - 전산화된 업무 - 수송 - 탐색/관찰 - 기타	- 동사들은 변화의 유형에 대한 통찰을 제공한다. - 복잡하거나 다양한 동사들은 더 세부적인 것이 필요하다는 것을 의미한다.
상류에 우선 초점	우선 상류의 결정과 업무를 검토한다.	- 결정/과정이 일찍 될수록 효과 가 더 크다. - 개선이 일찍 될수록 노력과 비 용이 적게 든다.
경과된/ 순환 시간	- 활동과 집단활동의 경과된/ 순환 시간을 검토한다. - 과정의 총체적인 경과된/ 순환 시간을 검토한다.	더 긴 경과시간은 개선에 더 많은 기회를 제공한다.
지연/대기	흐름도상의 지연/대기를 검토한다.	- 지연/대기의 영향을 본다. - 지연/대기를 감소시킨다. - 우선 중요한 검토 혹은 중요한 과정상의 업무를 중점으로 본다.
외부 인사의 흐름도 검토	과정을 수행하거나 흐름도를 준비하 는 사람들 이외의 사람에게 질문한다. - 흐름도를 검토한다.	- 과정에 익숙하지 않은 사람들이 흐름도를 개선하는 질문을 한다. - 만약 흐름도가 과정을 수행하는 데 이용될 수 없다면 흐름도를 개선한다.

(2) PDCA 사이클

"데밍사이클"로도 불리는 PDCA 사이클은 과정을 개선하기 위하여 고안되었다. PDCA 사이클은 계획-실행-점검-활동을 반복하는 질 개선 사이클이다.

개선의 기회를 확인하여 이를 성취하기 위한 과정을 계획하고, 이 계획을 성취하기 위해 소규모로 실행해본 후, 무엇이 변화되었는지 알기 위해 실행한 결과를 점검 및 연구하고, 변화된 대로 다시 활동하는 사이클을 반복한다. <그림 5-8>은 PDCA 사이클의 주안점을 나타내고 있다.

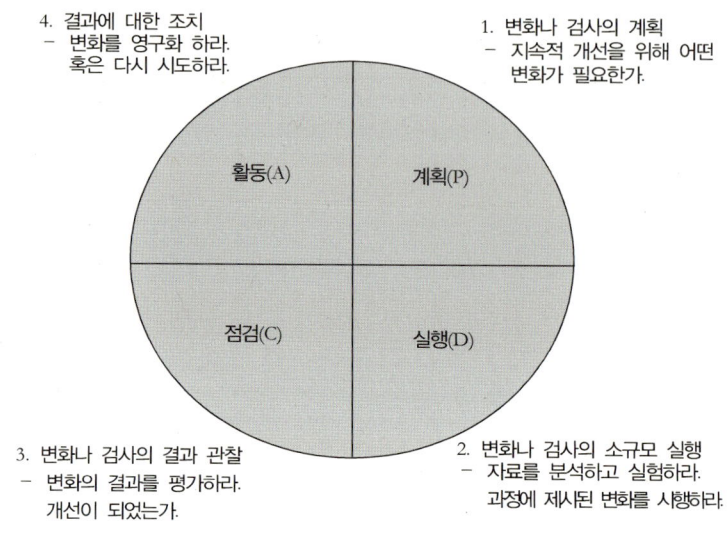

4. 결과에 대한 조치
  - 변화를 영구화 하라.
    혹은 다시 시도하라.

1. 변화나 검사의 계획
  - 지속적 개선을 위해 어떤
    변화가 필요한가.

활동(A)　계획(P)

점검(C)　실행(D)

3. 변화나 검사의 결과 관찰
  - 변화의 결과를 평가하라.
    개선이 되었는가.

2. 변화나 검사의 소규모 실행
  - 자료를 분석하고 실험하라.
    과정에 제시된 변화를 시행하라.

<그림 5-8> PDCA 사이클의 주안점

계획 단계에서는 해결하여야 할 문제를 명확히 인식한 다음, 문제의 근본원인을 발견하고 수정작업을 계획한다. 실행 단계에서는 계획 단계의 해결책을 실행하기 위하여 직원들을 교육하고 변화를 실천한다.

점검 단계에서는 실행의 효과를 점검한다. 즉 변화의 효과를 관찰하기 위하여 먼저 전반적 결과를 측정하고, 그다음 개선의 전후를 비교하여 평가한다. 그리고 활동 단계에서는 변화를 제도화하기 위한 적절한 행동을 취한다.

(3) 브레인스토밍

브레인스토밍(brainstorming)은 집단의 다양한 의견을 집단역학을 이용하여 이끌어내는 방법으로, 집단사고법이라도 한다. 즉, 집단이 모여서 되도록 많은 제안을 유도할 때 이용되는 잘 알려진 기법이다.

이를 통하여 집단의 다양한 아이디어가 논의될 수 있어 창조적인 아이디어를 개발하는 데 유용하다.

어떠한 발상도 다른 아이디어를 자극할 수 있어, 창조적 사고에 도움을 준다. 이를 위하여 다음 사항들을 원칙으로 한다.

- 다른 사람의 의견이나 아이디어에 대하여 비판하지 않는다.
- 진행은 팀원들에게 회합의 목적을 설명하고 제기된 질문에 대하여 1~2분의 생각할 수 있는 시간을 줌으로써 시작된다.
- 팀원 모두가 하나씩의 아이디어를 제안하도록 순서를 정한다.
- 동등한 참여가 주어지도록 순서대로 참여하며, 아이디어가 없으면 통과시킬 수 있다.
- 아이디어가 제안되면 리더는 그것들을 모두 기록하여 팀원 모두가 볼 수 있도록 한다.
- 리더는 모든 아이디어 목록을 정리하여 최종목록을 작성하여 모두에게 나누어주게 된다.

브레인스토밍은 문제인식, 문제의 원인발견과 개선방법의 강구에 이용될 수 있는데, 특히 문제인식의 단계에 매우 효과적이다. 개선방안의 경우 해결되어야 할 문제가 무엇인지 밝혀주기 때문에 브레인스토밍은 중요하다. 하지만 참가자가 적극적이고 개방된 분위기를 조성하기 어려운 단점이 있다.

(4) 연관도

브레인스토밍이 많은 아이디어의 창출을 가능하게는 하지만, 체계적 아이디어의 집합이 될 수 없는 약점이 있다.

아이디어의 체계화와 조직화를 가능하도록 하는 작업이 연관도
(affinity diagram)이다.

이를 위하여 우선 중심이 되는 주제를 정하고, 많은 아이디어를
창출한 후, 이를 토대로 패턴을 찾게 된다. 즉, 연관도는 작은 주제
별로 아이디어를 논리적으로 그룹화하는 집단사고법이다.

팀의 구성원들이 의사소통이 없이 카드에 의견을 기록하고 아이디어
를 그룹화하여 각 그룹의 의미를 찾게 된다. 아이디어를 관련된 논리적
상관관계로 연결하는 것이 연관도이다.

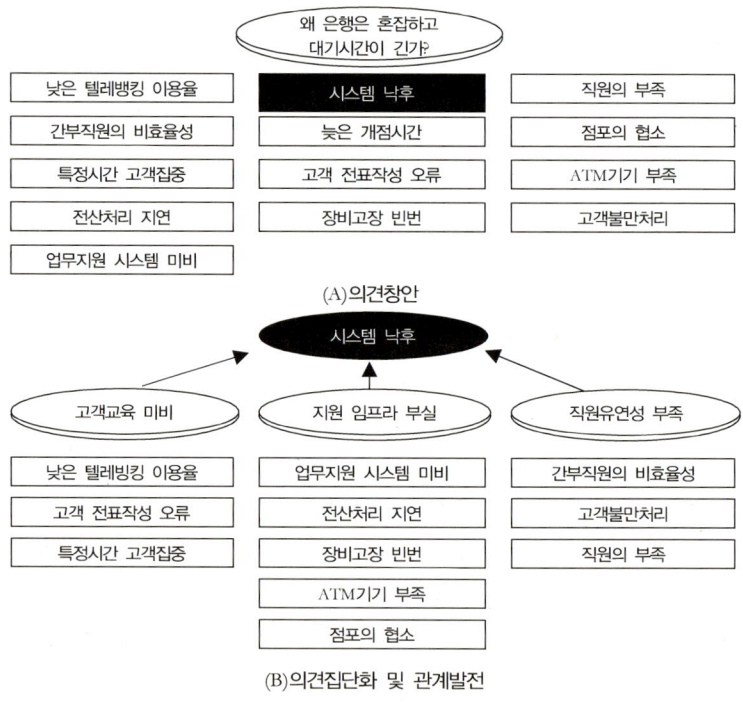

자료: 원석희 (1998), p.509

<그림 5-9> 은행업무의 연관도

참가자들은 아이디어의 제출을 구두가 아닌 서면으로 하며, 문제의 질문 및 아이디어에 대한 의견을 발표하고, 상호연관이 되게 정리한다. 모든 작업은 대화가 없이 진행된다.

참고로 은행업무의 연관도는 <그림 5-9>와 같다. 이 연관도는 은행은 혼잡문제를 해결하기 위한 여러 요인들을 도출하고, 이를 다시 시스템 낙후라는 큰 그룹으로 집단화하는 과정을 보여준다.

(5) 품질기능배치

품질기능배치(Quality Function Deployment)는 고객의 요구에 기초하여 상품을 설계하고, 생산자나 공급자 조직의 모든 구성원들을 포함시키기 위한 시스템이다.

조사와 개발에서부터 엔지니어링, 제조, 마케팅, 판매 그리고 유통에 이르기까지 상품설계의 각 단계에서 고객의 요구를 적절한 조직의 요구로 변환시키는 시스템이라고 할 수 있다.

이러한 품질기능배치는 품질의 집(house of quality)이라고도 불린다. 그것은 <그림 5-10>과 같이 주요한 기술이 집의 청사진을 닮은 시각적인 계획모형을 사용하기 때문이다. 품질기능배치는 기본적으로 품질의 집이라는 품질표를 이용하여, 고객의 요구를 체계적으로 반영한다.

먼저 고객의 요구사항에 대응하는 상품특성을 매트릭스 형태로 배치한다. 고객 요구사항의 중요도와, 그것의 충족을 위해 상품의 어떤 면을 개선해야 하며, 그것에 대응하는 상품의 특성이 무엇인지를 일목요연하게 파악할 수 있도록 해준다.

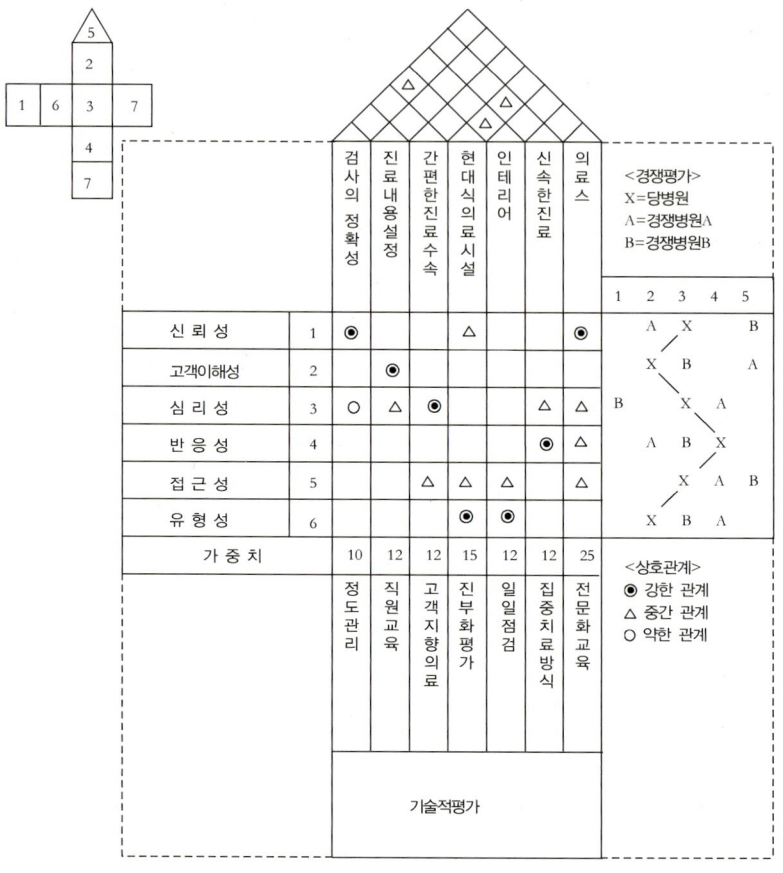

<그림 5-10> 품질의 집

이 기법은 제조업에서 먼저 개발되었으나 현재는 의료·항공운송·교육 등의 분야에도 활발하게 도입되고 있다.

<그림 5-10>은 병원의 품질의 집을 그려본 경우이다. 그림을 중심으로 6단계의 QFD 과정을 설명하면 다음과 같다.

- 고객의 요구사항(무엇을)

QFD의 실행은 상품에 대한 고객의 기대로부터 시작한다. 기대치는 조직이 달성하여야 하는 무엇으로 정의될 수 있다.

고객의 요구사항을 파악하는 방법으로 시장조사(전화면접, 개인면접, 우편조사 등), 스태프들과의 브레인스토밍 회합, 일선 직원과의 협의, 고객불만의 분석 등이 있다.

고객의 요구사항을 토대로 구매자의 기대치가 파악되면, 그것을 목록으로 작성하여야 한다. <그림 5-10>에서 보면 병원의 경우 고객이 원하는 요구사항으로 신뢰성·고객이해성 등이 있다.

- 상품의 특성(어떻게)

QFD의 2단계는 각각의 요구사항들을 하나 또는 그 이상의 상품특성으로 전환시키는 것이다. 이를 통하여 고객의 기대치가 보다 명확하게 표현된다. 고객의 기대치에 부합하기 위한 병원서비스의 특성은 그림에서 검사의 정확성, 진료내용의 설명 등이다.

- 관계 매트릭스

QFD의 3단계는 상품에 대한 고객의 기대치를 상품특성과 상호관련시키는 것이다. 즉, "무엇"과 "어떻게"의 관계를 확인함으로써, 상품의 특성 하나하나의 상대적 중요성을 파악할 수 있다. 여기에서 QFD 모형의 진가가 발휘된다.

고객의 요구와 상품특성 간의 관계의 정도를 표현하는 데 특별한 상징들이 사용된다. 삼각형(△)은 약한 관계를, 원(○)은 중간 관계를, 이중 원(◎)은 강한 관계를 나타낸다.

만일 어떠한 관계가 없으면 그 난은 공백으로 남겨둔다. 여기에서 공백상태의 열이나 행은 고객의 요구에 대한 해결책을 근본적으로 재고해야 할 것을 의미한다.

이것은 문제가 제대로 제거되지 않았거나 또는 현재의 해결책이 고객의 기대치를 만족시키는 데 적극적이지 않음에 기인한다. <그림 5-10>에서 보면 병원상품은 검사의 정확성과 신뢰성, 간편한 진료수속과 심리성 등에 강한 관계를 보임을 알 수 있다.

- 설계목표(얼마나 많이)

QFD의 4단계는 제안된 상품의 특성들에 대한 명확한 측정법을 개발하는 것이다. 이 측정법은 상품의 특성이 고객의 요구사항을 충족하였는지의 여부를 결정할 수 있는 객관적 수단이 된다.

따라서 각각의 상품특성에 특정한 가치를 부여하여 목표를 측정할 수 있어야한다. 예를 들어, 병원서비스의 특성들은 검사의 정확성, 진료 내의 설명 등과 같은 가치로 명확히 규정될 수 있다.

- 지붕 매트릭스

QFD의 5단계는 상품 특성들 간의 상호작용을 알아보는 것이다. 이것의 목적은 상품의 설계에서 제안된 특성들의 상호대립적 효과가 있는지를 살펴보고, 필요한 경우 절충(조절)을 하기 위한 것이다.

지붕 매트릭스는 요소들 사이 상호관계의 성격을 파악하기 위하여 특별한 상징들을 사용한다. 각 상품 특성 간의 상호관계는 유리하면 긍정적이고, 절충이 필요하면 부정적이고, 아무런 효과가 없으면 중립적이 된다.

강한 긍정적 상호관계는 이중원(◎)으로, 긍정적 상호관계는 원(⊗)으로, 부정적 상호관계는 십자형(✕)으로, 강한 부정적 상호관계는 이중십자형(♯)으로 표시된다. 그림에서 보면, 검사의 정확성과 현대식 의료시설, 인테리어와 현대식 의료시설 등의 사이에서 긍정적 상호관계가 있음을 알 수 있다.

- *우선사항(상품의 핵심적 요구조건들)*

QFD의 6단계는 상품에 대한 고객의 요구사항들의 우선순위를 설정하는 것이다. 우선순위는 요구사항들을 등급으로 나누고, 가중치를 부여함으로써 설정된다.

먼저 무엇인 고객의 요구사항들을 등급화하여야 한다. 다시 말하면 상품에 대한 고객의 기대치에 상대적 중요성을 부여하는 것이다.

5점 척도를 사용하여 고객의 요구를 등급화함으로써 이루어진다. 가장 중요한 요구는 5점이고, 가장 덜 중요한 요구는 1점이 된다.

다음은 고객의 요구사항과 상품특성들 간의 관계에 가중치를 부여하는 것이다. 강한 관계는 9로, 중간 관계는 5로, 약한 관계는 1로 나타낸다.

그러면 고객의 다양한 상품서례 요구조건들에 대한 하나의 우선사항이 주어진다. 특정한 상품설계 요소의 상대적 중요성은 각각의 고객 기대치 등급의 합과 그 요구조건과 상품특성 간의 관계에 대한 상대적 가중치의 곱에 의해 계산된다.

- 경쟁력 평가

QFD의 최종 단계는 조직이 고객의 기대치를 만족시킬 수 있는 능력을 경쟁사와 비교하여 평가하는 것이다. 고객의 요구사항과 상품특성에서 당사의 상품과 경쟁사의 상품과 비교하여 평가한다.

이러한 경쟁력 평가는 경쟁상품에 대한 당사 상품의 인지도 평가와 경쟁사에 대한 당사의 기술적 과정을 함께 비교하여 평가한다.

(6) 벤치마킹

벤치마킹(benchmarking)은 경쟁력이 우수한 대상기업을 선정하여 그들의 우수성을 배우기 위한 경영기법의 하나로, 모범이 될 만한 경쟁업체와 조직시스템을 모방하는 것이다.

또한 경쟁업체와 자신(당사)과의 비교를 통하여, 그들의 우수성이 무엇이며, 그것이 어디에서 어떻게 나오며, 왜 우수한가를 스스로 터득하는 과정이라고 할 수 있다.

병원 분야에서 벤치마킹의 대상은 입원과정·전산정보시스템·특수의료기술·품질경영 등이 될 수 있다. 이때 이들 분야에서 우수성을 보이는 대상병원의 선정이 중요하다. 조직은 저마다 조직체계와 규모가 다른 만큼, 이러한 사항을 고려하여 대상병원(대상기업)을 선정하여야 한다.

벤치마킹을 위한 팀의 구성은 지도자를 포함하여 5~6명이 적당하다. 팀의 지도자는 특히 벤치마킹의 경험이 있거나 잘 훈련된 사람이어야 한다. 팀원으로는 긍정적이고 적극적인 사고를 가진 자, 우수한 청취력의 소유자 또는 변화에 영향을 미칠 수 있는 능력의 소유자 등을 선정하여야 하다.

업체를 방문하면 팀원들은 각자의 업무에 따라 준비한 대로 철저히 관찰하고 질문을 한다. 질문의 대답과 관찰사항은 사소한 것이라도 기록을 한다. 방문 후에 관찰사항과 기록사항을 빠른 시간 내에 모두에게 보고할 수 있어야 한다.

- 벤치마킹의 과정

벤치마킹을 수행하는 과정은 어떠한가? 벤치마킹의 대상이 되는 업체를 방문하기 전에 준비하여야 할 일들이 많다. 철저한 준비과정이 없이 업체를 방문하여서는 바람직한 성과를 기대하기 어렵다.

방문한 업체의 가시적 대상에서 배우는 것은 일부에 지나지 않는다. 대개는 방문한 업체의 비가시적 부분에서 배우는 것이 훨씬 많다.

따라서 방문한 업체에 질문할 준비가 되지 않거나, 그 조직의 정보를 공유할 준비가 충분하지 못하면 벤치마킹에서 바람직한 정보를 제공받지 못할 것이다.

다시 말하면 업체를 방문하기 전에 벤치마킹할 대상과 업체의 선정, 팀의 구성과 교육, 조사방법의 결정 등에 대하여 충분한 준비를 하여야 한다.

참고로 미국의 제록스가 벤치마킹의 과정에서 사용한 10단계를 소개하면 다음과 같다.

① 무엇을 벤치마킹할 것인지의 확인 : 기업은 어떤 기능도 벤치마킹할 수 있다. 하지만 총비용에서 가장 높은 비용을 차지하거나 또는 시장에서 당사를 차별화하는 데 중요한 핵심 기능만을 벤치마킹해야 한다. 어떤 조직도 충분한 자원이나 능력을 보유하고 있지 못하기 때문에 우선적으로 배워야 할 대상만을

결정하지 않으면 안 된다.

② 비교할 기업의 확인 : 비교 대상이 되는 기업은 자사가 많은 것을 배울 수 있는 가장 우수한 수행자여야 한다. 여기에는 직접적 경쟁관계에 있는 기업일 수도 있고, 최고의 업무수행 능력을 가진 비경쟁관계의 기업도 가능하다.

③ 수집할 자료의 결정 : 조사방법은 비교될 기업의 업무수행 변수의 유형에 따라 다양해질 수 있다. 이러한 변수로서 총비용, 고객만족도, 시장점유율, 판매성장률, 이익률 등을 들 수 있다. 하지만 가장 중요한 정보는 특정 기업이 성취한 결과가 아닌, 그 결과를 얻기 위하여 사용한 경영과정과 업무운영을 배우는 데 있다.

④ 현재의 업무성과 차이의 확인 : 자사의 성과를 벤치마킹할 기업과 비교하여 차이를 확인한다. 수집한 자료의 불완전성으로 비교의 결과가 부정확할 수 있다. 두 조직 간의 업무를 비교할 경우, 세부적 특성과 목록을 작성할 필요가 있다.

⑤ 미래의 업무성과 수준의 측정 : 벤치마킹 기업과 자사의 업무성과 차이가 줄어들고 있는지, 아니면 확대되고 있는지를 측정한다. 이를 위하여 현재의 추세에 대한 자료를 이용하여야 한다.

⑥ 벤치마킹의 성과와 결과의 공개 : 벤치마킹에서 가장 어려운 점은 일체 책임을 지는 관리자들에게 벤치마킹의 결과가 믿을 수 있다는 것과 유익한 성과가 있었다는 것을 이해시키는 일이다. 벤치마킹의 결과와 성과는 변화된 업무를 지원해야 할 조직의 모든 부문에 전달되어야 한다.

⑦ 직무목표의 확립 : 벤치마킹의 분석결과를 토대로 새로운 경영활동의 목표와 원칙을 확립하여야 한다. 벤치마킹을 시도하는

목적은 벤치마킹한 기업으로부터 주어진 새로운 업무수행의 표적을 결정하는 것이다.

⑧ 활동계획의 개발 : 활동계획의 개발은 벤치마킹에서 가장 중요한 단계이다. 활동계획에는 자사의 약점을 강점으로 바꾸고, 경쟁에서 우위를 차지하고 경쟁사보다 나은 업무를 수행하기 위한 내용들이 포함된다.

⑨ 구체적 활동의 실행과 진보상황의 모니터링 : 개발된 활동계획을 실행하는 단계에서는 목표달성을 위한 준비와 책임자를 확인하게 된다. 또한 필요할 때 실행과정이 조정될 수 있도록 측정된 결과들이 활동계획을 실행하는 사람들에게 전달되어야 한다.

⑩ 벤치마킹의 재조정 : 벤치마킹의 마지막 단계는 벤치마킹의 실행표적을 주기적으로 재조정하는 일이다. 많은 기업들이 경영활동을 개선하면서 다른 기업들도 지속적 개선을 수행하고 있다는 사실을 잊어버린다. 이 사실을 망각하지 말고 개발된 업무수행의 기준을 지속적으로 재검토하여야 한다.

- *벤치마킹의 효과와 결점*

벤치마킹을 통하여 많은 기업들이 실질적 효과를 얻고 있다. 제록스·GE·AT&T 등의 선두기업들이 벤치마킹을 점진적 개선의 중요한 기법으로 사용하였다.

특히 제록스는 벤치마킹의 대상기업을 각각의 분야에서 우수성을 보이는 여러 기업들을 선정하였으며, 그들 기업은 경쟁적인 동종산업이 아닌 비경쟁적인 이종산업의 업체였다. 이것이 제록스의 독특한 벤치마킹인데, <표 5-4>는 그러한 사실을 보여준다.

<표 5-4> 제록스가 선택한 벤치마킹의 대상기업

벤치마킹의 분야	벤치마킹의 대상기업
생산운영 시스템	Fuji-Xerox
품질관리	Toyota, Komatsu
청구서의 작성과 수급	American Express
R&D	AT&T, Hewlett-Packard
자동화된 재고관리	American Hospital Supply
분배 유통시스템	L.L, Bean Inc., Hershey Foods
종업원의 제안제도	Milken Carpet
제조공정 설계	Ford, Cunnins Engine
마케팅 종업원참여제도	Procter & Gamble
품질개선	Florida Power and Light
전략실행	Texas Instrument
컴퓨터 운영시스템	Deere and Company

벤치마킹의 대상기업을 동종산업에서 선택한다면, 그들 기업의 자발적이고 적극적인 협조를 얻기 어렵기 때문에 벤치마킹의 실질적 효과를 보기 어렵다.

제록스는 전문가에 의한 자발적이고 적극적인 협조를 얻기 위하여 비경쟁산업에서 대상기업을 선정하였고, 그것이 제록스의 성공을 가져다주었다.

하지만 이러한 벤치마킹은 여러 단점을 가지고 있다. 첫째는 벤치마킹으로서는 경쟁우위를 확보할 수 없다는 점이다. 둘째는 대상기업, 특히 경쟁자에게 유용한 정보를 얻기 어렵다는 점이다. 이는 경쟁자들이 적극적이고 자발적인 협조를 기피하고, 제조업보다도 서비스업의 벤치마킹이 기술적으로도 어렵다는 것이다. 끝으로 창조적인 직원의 사기를 저하시킬 우려가 있다는 점이다.

1 액션러닝의 개념

액션러닝의 정의

액션러닝(Action learning: AL, 실천학습)은 경영의 현장에서 성과와 직결되는 과제를 정해진 시점까지 해결하고, 이를 통해 개인과 조직의 역량을 향상시키는 행동지향적 학습기법이다. 이러한 액션러닝에 대해 학자들은 다음과 같이 정의하고 있다.

잉글리스(Inglis, 1994)는 "액션러닝을 문제에 대한 해결책을 마련하기 위해 구성원이 함께 모여서 개인과 조직의 개발을 함께 도모하는 과정"이라고 하였다.

그리고 맥길과 비티(McGill and Beaty, 1995)는 "목표의식을 가지고 구성원의 지원을 토대로 이루어지는 학습과 성찰의 지속적인 과정"이라고 정의하였다.

한편 마쿼어트(Marquardt, 1999)는 "액션러닝이란 소규모로 구성

---

* 이 장은 『학습조직 & 학습동아리 가이드』, 이담북스, 2010'의 '제5장 액션러닝'내용을 토대로 구성되었습니다.

된 한 집단이 기업이 직면하고 있는 실질적인 문제를 해결하는 고정에서 학습이 이루어지며, 그 학습을 통해 각 그룹의 구성원은 물론 조직 전체에 혜택이 돌아가도록 하는 일련의 과정이자 효과적인 프로그램"으로 정의하고 있다.

이러한 여러 학자들의 정의를 토대로 액션러닝에 대한 정의를 종합적으로 내리면 다음과 같다.

"액션러닝이란 소규모로 구성된 한 집단이 조직, 그룹 또는 개인이 직면하고 있는 실질적인 경영상의 이슈와 원인을 규명하고, 일을 해결하기 위한 실행계획을 수립하여 현장에 적용하고, 그 실천과정에 대한 성찰을 통한 학습, 즉 현장적응과 성찰을 통한 학습의 반복적이고 순환적인 과정을 통해 학습하는 방법이며, 이를 통해 그룹 구성원 개개인과 그룹은 물론 조직 전체의 요구를 충족하는 적시형 학습형태이다."

다시 말하면 액션러닝은 교육훈련의 한 방법으로 학습자들이 팀을 구성하여 각자 또는 팀 전체가 정해진 과제를 일정 시점까지 해결하는 동시에 지식습득, 질문, Feedback 및 성찰을 통하여 과제의 내용측면과 과제해결과정을 학습하는 프로세스를 말한다. 액션러닝의 정의를 구체적으로 설명하면 다음과 같다.

- 개인, 부서 또는 전사적 차원에서 꼭 해결해야 할 중대하고 난해한 과제
- 4~7명으로 학습팀 구성
  (개인에게는 서로 다른 과제, 팀에는 하나의 과제 부여)
- 정해진 기간 경과 후 교육과정을 통해 개발한 해결대안을 보고하고 실행여부 결정
- 교육기간 중에 학습자 자신 또는 학습 팀이 해결대안을 직접

실행

- 문제해결기법, Communication Skill, Project Management, 회의 운영기술, 갈등관리 기술, Presentation Skill 등에 필요한 교육 프로그램 제공
- 과제의 내용 측면에 대한 다양한 학습자원을 활용하며 지식 습득
- 학습팀원, Learning Coach와의 정기회합에서 자신의 문제와 그 해결과정에 대한 토론, 질문, Feedback 및 성찰의 과정을 통해 학습
- 기존의 또는 새로 습득한 지식과 도구 등을 과제 해결 과정에서 적용함으로써 학습효과 제고

액션러닝은 전 세계의 여러 기업에서 개인과 팀 그리고 기업의 발전을 위한 핵심적인 접근 방법으로, 가장 효과적인 경영이슈의 해결 방법으로 대두되고 있다. 그리고 세계의 여러 기업에서 활발하게 적용하여 성공적인 사례들이 나오고 있다.

액션러닝의 학습효과

액션러닝은 문제중심의 학습이다. 문제중심 학습(Problem Based Learning)이란 연구프로젝트, 사례연구, 디자인프로젝트, 문제발생상황, 임상현장 등을 활용한 교육적 접근법을 의미하며, 자기주도적이고 자기평가를 실시하는 소그룹 중심의 학습방법을 지칭한다.

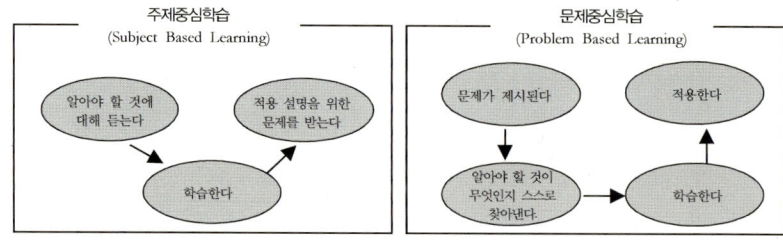

이러한 문제중심의 학습방법인 액션러닝의 학습효과는 다음의 원리를 지닌다.

- 기존의 사전 업무 지식의 교류를 통한 학습효과를 창출한다.
- 학습자 간의 질문과정에서 문제의 원인과 대안제시 등의 문제해결 역량 향상 효과를 만들 수 있다.
- 경청과 성찰을 통하여 변혁적 교육효과가 발생한다.
- 도출된 해결방안을 실행에 옮기는 과정에서 아이디어의 실용성·개선방향·다른 부문에의 적용 등을 배운다.

액션러닝의 구성요소

액션러닝은 <그림 6-1>에서 보는 바와 같이, 과제, 학습 팀, 실행의지, 과제해결의 지식습득, 질문과 성찰의 피드백, 그리고 러닝 코치 등 6가지로 구성된다.

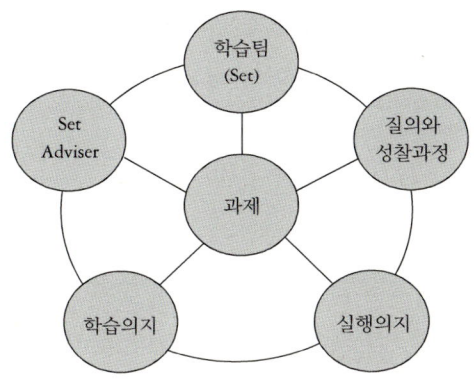

<그림 6-1> 액션러닝의 구성요소

(1) 과제

과제는 부서 또는 전사적 차원에서 해결하여야 할 중대하고 난해한 문제여야 하며, 가상으로 만든 문제가 아닌 조직의 이익이나 생존에 직결되는 실제의 문제이어야 한다.

Marquardt는 과제선정의 기준으로 다음의 9가지를 제시하고 있다.

- 실질적이고 반드시 해결하여야 할 과제
  (조직의 이익·생존과 직결된 문제)
- 실현 가능한 과제(참여자의 능력과 권한 범위 내의 과제)
- 참여자들이 진정으로 관심을 가지는 문제
  (해결 시 변화를 가져올 수 있는 과제)
- 참여자들의 다양한 해결방안 제시가 가능한 실존의 과제
  (problem, not a puzzle)
- 학습기회의 제공과 다른 부문에도 적용이 가능한 과제
- 조직 내의 여러 부서에 관련되어 있는 복잡한 문제
- 외부 전문가의 표준화된 해결방식으로 해결하기 어려운 문제

- 의사결정이 아직 내려지지 않은 문제
- 기술적이기보다는 조직적인 문제

(2) 학습 팀

팀의 구성원은 4~8명이 적당하다. 4명 미만이면 그룹의 다양성이 떨어져 창의성을 발휘하기 힘들고 문제해결 자체가 힘들어지는 경우가 있다.

반면에 8명을 초과하게 되면 구성원 간 상호작용이 복잡해지고 개개인의 발언기회, 피드백, 성찰 등의 단위시간이 줄어들어 효과적인 활동을 기대하기 어렵다.

팀을 구성함에 있어서는 문제해결에 대한 창의적 접근이 가능하도록 다양한 지식과 경험을 가진 사람들의 적절한 조화를 이룰 수 있는 조화로운 팀이어야 한다.

Marquardt는 한두 사람이 팀의 활동을 주도하는 것을 방지하는 한편 토론과 비판이 자유롭게 이루어지도록 하기 위하여 구성원의 능력수준이 비슷하도록 팀을 구성할 필요가 있다고 한다.

학습 팀은 과제의 해결주체에 따라 2가지 형태로 구성할 수 있다. 하나는 팀이 과제의 해결주체가 되는 방식으로, 이를 single-project program이라 한다.

다른 하나는 팀원 개개인이 서로 다른 자신의 과제를 가지고 팀에 참여하는 방식으로, 각자가 과제에 대한 해결의 책임을 가지게 되는데, 이를 open-group program이라 한다.

팀 구성원의 바람직한 속성으로 Marquardt는 다음의 6가지를 들고 있다.

- 문제해결에 대한 열의

- 경청능력, 자신과 타인에 대한 질문능력
- 자신을 개방하고 다른 set member들로부터 배우려는 의지
- 타인의 가치를 존중하고 존경하는 자세
- 실행과 성취에 대한 의지
- 자신과 타인의 학습능력과 잠재능력에 대한 인식

(3) 질문, 성찰 및 피드백

액션러닝이 다른 학습과 차별화되는 특징 중의 하나는 학습이 강사에 의해 주도되기보다는 학습 팀이 스스로 문제(과제)의 본질과 효과적인 문제해결 방법에 대하여 탐구하고, 질의하고 성찰하는 가운데 학습이 일어난다는 사실이다.

액션러닝은 강사에 의한 학습이 아니라 구성원 스스로가 문제를 해결하는 과정에서 학습을 하게 되며, 그 학습은 질문과 성찰, 피드백을 통해 실체적으로 일어난다. 이러한 의미에서 액션러닝을 다음과 같은 등식으로 표현한다.

$$L = P + Q + R$$

여기에서 L=Learning(학습), P=Programmed Knowledged(정형화된 지식), Q=Question(질의), R=Reflection(성찰)을 의미한다.

현명한 질문은 팀원들의 기본가정을 흔들어 놓음으로써, 사물 또는 현상 간의 새로운 연결관계를 형성해 줌으로써, 그리고 학습자가 사물의 존재와 바람직한 존재양식에 대한 새로운 사고모형을 개발하도록 도와줌으로써 창의적 사고를 촉진하게 된다.

학습 팀의 문제와 문제해결을 위한 일련의 행동, 그리고 학습 팀의 주의 깊은 성찰(reflection)을 통해 참여자들은 통찰력을 얻게 되며, 다음에 할 일을 모르는 상황(무지와 위험과 혼란의 상태)에서 신선한 질문을 던질 수 있는 능력을 개발하게 된다.

게다가 일상의 문제와 생각의 굴레에서 벗어나 사물에 대한 공통된 시각에 도달할 수 있으며, 서로의 경험으로부터 학습하는 방법을 배우고 긴밀한 유대관계를 구축하게 된다(Marquardt, 2000).

(4) 실행의지

액션러닝의 가장 큰 특징은 경영상의 궁극적이고 실질적인 문제의 해결을 전제로 하고 있다.

이러한 문제의 해결에는 실천, 즉 도출된 문제해결의 대안에 대한 실행의지가 매우 중요하다. 다시 말하면, 문제해결의 대안 혹은 그 과정이 실질적으로 실행이 가능한가 하는 것이다.

왜냐하면 다른 사람이 실행에 옮길 제안서나 보고서를 작성하도록 하면 그것은 학습 팀의 의지와 효율성, 그리고 학습효과를 현저히 저하시키기 때문이다.

과제의 해결자가 그들의 아이디어를 실행에 옮겼을 때, 참여자들은 자신의 아이디어가 효과적이고 실용적인지, 그 결과 어떤 문제가 야기되었으며 향후 어떻게 개선할 것인지, 그리고 아이디어가 조직의 다른 부문에 또는 참여자 각자의 인생의 다른 부문에 어떻게 적용될 수 있을지를 정확히 판단할 수 있기 때문이다.

이러한 맥락에서, 액션러닝의 공식을 $L=P+Q+R$에 'I'의 개념을 추가하여 다음과 같이 확장하여 표시하고 있다. 여기에서 I=

Implementation(실행) 등을 의미한다.

$$L = P + Q + R + I$$

(5) 과제해결 과정에 대한 지식의 습득

팀의 구성원이 아무리 강한 실행의지를 가지고 있어도 과제해결에 필요한 지식을 습득하지 않으면 안 된다.

과제해결에 필요한 지식습득의 의지를 학습의지라고 한다. 학습의지가 강해야 실행의지가 빛을 발하게 된다.

지식의 종류에는 과제의 내용과 관련된 지식과 과제해결의 프로세스와 관련된 지식이 있다. 먼저, 과제의 내용과 관련된 지식은 과제의 성격이나 내용에 따라 다양하다. 그리고 과제해결의 프로세스와 관련된 지식에는 문제해결 프로세스, 팀 리더십, 커뮤니케이션 스킬, 갈등관리, 프레젠테이션 스킬, 회의운영 기술 등이 포함된다.

Marquardt(2000)는 다음의 상황에서 학습효과가 극대화될 것이라고 가정한다.

- 학습자들이 질문을 받았을 때나 스스로 질문을 해 볼 때
- 문제해결의 과정과 의사결정의의 결과를 성찰할 때
- 문제해결의 절박함과 시간상의 제약이 존재할 때
- 행동의 결과를 직접 확인해볼 수 있을 때
- 실패의 위험을 감수하는 것이 허용될 때
- 다른 사람으로부터 자신의 행동에 대한 정확한 피드백을 받을 수 있을 때
- 문제해결에 대한 궁극적인(실질적인) 책임이 있을 때

(6) Set Advisor

액션러닝의 구성요소 중에서 핵심은 Set Advisor이다. Set Advisor
는 학습 팀을 지원하는 촉진자(Facilitator)를 지원하는 사람이다.

다시 말하면, Set Advisor는 학습 팀이 다루는 과제와 관련된 내용
전문가가 아닌, 팀이 문제해결을 해 가는 과정에서 회의운영기술,
문제해결기법, 프로젝트 관리와 관련된 각종 도구들을 지원하고 체
계적 성찰이 이루어질 수 있도록 지원하는 역할을 한다.

Set Advisor는 팀의 효과성을 증진할 목적으로 모든 팀 구성원으
로부터 받아들여지고, 중립적인 입장을 취한다.

Set Advisor는 의사결정의 권한은 가지고 있지 않으며 해당 팀이
문제의 인식방법과 해결방법, 의사결정방법 등의 개선을 돕기 위한
목적으로 개입한다.

Set Advisor는 <그림 6.2>에서 보는 바와 같이, 6가지의 역할 – 코디네이
터, 촉진자, 관찰자, 분위기 조성자, 대화 촉진자, 학습코치 – 을 수행한다.

<그림 6-2> Set Advisor의 역할

경험이 많은 촉진자들을 대상으로 한 조사에서, 그들에게 가장 중요한 Set Advisor의 역량(5점 만점)을 소개하면 다음과 같다(Rothwell, 1999).

- 적극적으로 경청하기(4.94)
- 질문을 기술적으로 사용하기(4.74)
- 학습 팀 내의 집단역학 관찰하기(4.45)
- 학습 팀의 통찰력 자극하기(4.43)
- 학습 팀의 주의 환기시키기(4.42)
- 토론의 내용 중에서 부분 부분을 다른 언어로 표현해주기(4.34)
- 구성원들의 보디랭귀지를 관찰하기(4.21)
- 토론의 내용 중에서 장황한 부분을 요약해주기(4.19) 등

이러한 조사결과는 Set Advisor의 역할이 학습 팀의 과제와 관련된 내용을 가르치는 것이 아닌, 구성원들이 서로에게 무엇을 배울수 있는 환경을 조성하고 자신감을 기르고 성찰하는 방법 등을 찾도록 돕는 것임을 알 수 있다.

한편, Set Advisor는 문제해결의 과정에서 학습과 관련된 코치의 역할을 주로 수행하기 때문에, 주로 학습코치(Learning Coach)라고 불린다.

학습코치는 학습 팀에서 다루는 토의 주제에 대해서는 중립을 취하며, 의사결정을 할 수 있는 공식적인 역할이 부여되지 않은 조직 내부 또는 외부의 프로세스 전문가를 말한다.

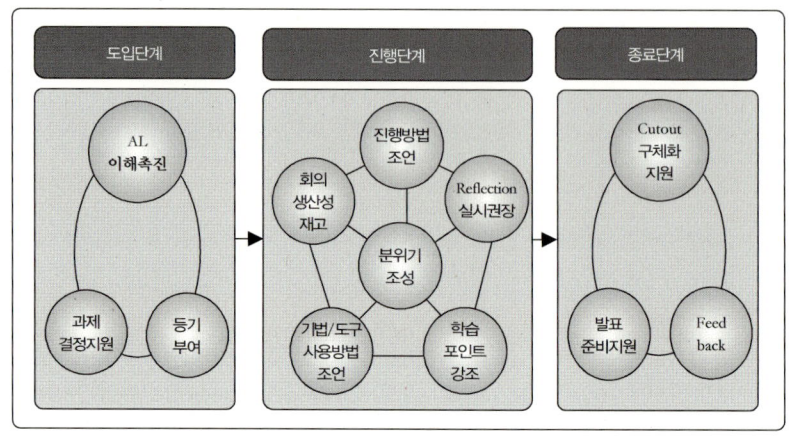

<그림 6-3> 학습코치의 역할

　다시 말하면 학습코치는 학습팀원들이 그들의 문제해결 프로세스,
의사결정 프로세스, 의사소통 프로세스 및 갈등관리 프로세스를 개
선하고, 과제해결의 숲 과정에 대하여 체계적인 질문, Feedback, 그
리고 성찰을 실시하여 과제의 내용 측면과 과제 해결 프로세스 측면
을 학습하도록 도와주는 역할을 하는 사람을 말한다.

　학습코치의 역할을 세부적으로 살펴보면, <그림 6-3>처럼 도입
단계, 진행단계, 종료단계로 나누어볼 수 있다. 액션러닝의 도입단계
에서는 액션러닝의 이해를 촉진시키며, 팀원들에게 동기를 부여하고
과제를 결정하도록 지원한다.

　액션러닝의 진행 단계에서는 회의의 생산성을 제고시키고 성찰을
권장하며, 분위기를 조성하는 등의 역할을 수행한다.

　그리고 액션러닝의 종료단계에서는 발표준비를 지원하고 피드백
을 하며 결과물(산출)을 구체화하도록 지원하는 역할을 수행한다.

액션러닝의 특성

액션러닝의 정의를 통하여 액션러닝의 특성을 도출할 수 있다. 액션러닝의 특성을 열거하면 다음과 같다.

(1) 자기주도적 학습
액션러닝은 학습 팀의 구성원에 의해 자발적이고 주도적인 형태로 이루어진다. 액션러닝은 학습자의 능동적인 학습활동을 강조하므로, 학습자가 자신의 교육목적을 결정하고 계획하는 등 자기주도적 학습과정을 중시한다.

(2) 경영상의 문제해결
액션러닝은 무엇보다도 경영상의 심각하고 긴급한 문제를 해결하는 기법이다. 액션러닝은 경영상의 이슈를 과제(주제)로 선정하여 이에 대한 해결책을 발견하는 데 목적이 있다.

(3) 인적자원개발
액션러닝은 경영상의 문제를 과제로 선정하고, 그것을 해결하는 과정에서 구성원 개개인은 자신의 역량을 개발할 수 있다.

액션러닝은 실제 업무에 도움이 되는 도전적 과제를 부여하고 학습과제의 선정 및 실행상의 권한을 부여함으로써 도전적이고 핵심기술을 보유한 인재를 육성하는 효과적인 학습방법이라 할 수 있다.

실제로 미국의 금융서비스 회사 PGF(Principal Financial Group)는 개인적 차원에서의 경력개발과 성장니즈 충족, 조직 차원에서의 전략적 이슈 해결 및 향후 회사를 이끌 미래의 리더양성을 목적으로 액션러닝 팀을 활용하고 있다.

(4) 성과지향적 학습

액션러닝은 경영상의 과제를 해결함으로써 성과를 창출하게 한다. 소집단의 학습 팀을 구성하여 자율학습의욕과 실행의지로서 질문과 성찰과정을 거쳐 문제해결을 하기 때문에, 반드시 성과를 창출하게 된다(<그림 6-4> 참조). 최근에는 액션러닝은 대표적인 성과지향형 학습방법으로 주목받고 있다.

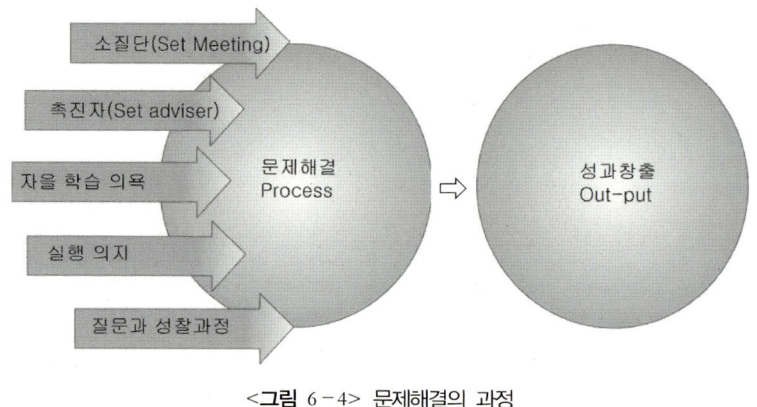

<그림 6-4> 문제해결의 과정

이러한 조직의 성과창출은 개인의 리더십 개발과 조직혁신으로 나타난다. 개인의 리더십 개발을 통해 문제해결 능력의 강화, 혁신 리더십 역량의 강화, 조직혁신의 선도적 역할수행 등이 이루어진다.

이런 효과는 조직혁신으로 이어진다. 조직혁신을 통해 전략적 과제의 해결, 혁신 리더의 확보, 가시적인 혁신 성과의 창출 등으로 나타난다.

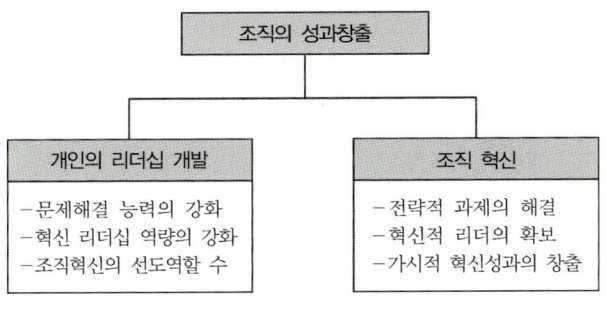

<**그림** 6-5> 액션러닝의 기대효과

(5) 체험학습의 강조

액션러닝은 기업의 성과와 직결되는 과제를 해결하며, 그 해결방안은 실행으로 이어지게 된다. 그 실행은 개인의 단순한 체험을 넘어서 그것이 기업에 미치는 영향을 평가함으로써 실질적으로 체험을 하게 한다.

액션러닝은 체험이 없는 학습이 아닌 실질적으로 체험을 하게 함으로써 학습한다는 원칙을 강조한다고 할 수 있다.

2 액션러닝과 기존의 교육방법과의 비교

액션러닝은 여러 가지 측면에서 기존의 교육방법과는 다르다. 기존의 집합식 교육과도 다르며, 태스크포스, 품질분임조 등과 다르며, 전통적인 교육과도 다르다.

기존의 집합식 교육프로그램과의 차이

액션러닝은 기존의 집합식 교육과도 다르다. 액션러닝은 교육목표, 교육대상, 참여주체 등에 있어서도 기존의 집합식 교육과도 비교되는 특성들을 가지고 있다. 이들 특성을 제시하면 <표 6-1>과 같다.

<표 6-1> 액션러닝과 집합식 교육과의 비교

범주	액션러닝	집합식 교육
교육의 목표	현장문제의 해결, 참여자 간 유대강화, 학습조직의 구축, 참여자들의 리더십 향상, 전문성 강화 등 개인과 조직의 개발을 돕는 여러 가지 교육목표를 추구한다.	일정방향의 특정한 구체적인 교육목표를 추구한다.
교육의 목적	경영 이슈의 실제적 해결을 통한 학습	지식/태도/행동의 변화

교육의 기간	기간이 비교적 3~4주 이상에서 2년여에 이르기까지 길다.	대개의 경우 3~4일에서 일주일로 그 기간이 짧다.
교육의 대상	조직 내의 핵심인력만을 대상	계층별/부문별 교육
참여주체	팀 구성원, set advisor, CEO를 포함한 현업부서장	학습자, 교수자
교육의 방법	set meeting을 통한 학습과정	집합식/대면식 교육
교육의 비용	set meeting 운영비용, set advisor 선임비용, 현업부서장 참여비용 등 프로그램 운영비용 외 추가비용	프로그램 운영비용
교육운영절차	오리엔테이션, 셀 미팅, 계획, 실행 및 적용, 성찰프로세스의 복잡한 운영절차	교육 프로그램 운영/ 비교적 간단한 절차

태스크포스, 품질분임조 등과의 비교

액션러닝 프로그램은 태스크포스(taskforce), 품질분임조(quality circles), 시뮬레이션(simulation), 문제해결학습(problem-based learning) 등과 개념이 유사하지만 차이가 있다. 물론 이러한 팀 내에서도 현장 중심의 행동학습이 이루어지지만, 특정 문제나 과업의 현상분석에만 초점을 두고 있지는 않다.

<표 6-2> 액션러닝과 태스크포스, 품질분임조 등과의 비교

구분	목적	학습방법	기타
태스크포스 (task force)	실제상황에서의 특정 과업/문제에 초점을 둔다.	우연적 학습	해결책을 실행할 권한이 상급자에게 있다.
품질분임조 (quality circles)	실제 상황에서의 품질향상 과제/문제에 초점을 둔다.	우연적 학습	해결책을 실행할 권한이 상급자에게 있다.
시뮬레이션 (simulation)	가상의 사례를 다룬다.	의도적 학습	– 해결책에 대한 결과 및 책임이 따르지 않는다. – 해결책의 타당성을 검증한 기회가 없다.

문제해결학습
(problem-based
learning)
	실제 및 가상의 문제를
	다룬다.
		의도적 학습	− 해결책에 대한 결과 및
			  책임이 따르지 않는다.
			− 해결책의 타당성을 검증한
			  기회가 없다.

액션러닝
(action learning)
	실제 직면한 경영이슈의
	발견과 이의 해결을 통한
	환경적 시스템적 요소에
	초점을 둔다.
		− 학습자
		  주도적학습
		− 의도적
		  학습
			− 해결책의 실제적용을 통한
			  결과의 확인 및 이에 대한
			  성찰을 통해 학습이
			  이루어진다.
			− 개인개발과 조직개발에
			  초점을 둔다.

반면 액션러닝 프로그램은 문제의 근본적인 원인파악은 물론 대응방안의 모색, 그리고 변화로 인해 야기되는 전반적인 파급효과 등과 같이 기업 전반에 걸친 환경적·시스템적 측면까지도 학습의 대상으로 삼고 있다.

로스웰(1999)은 액션러닝은 태스크포스 등과 다른 접근방법과 차이점을 구체적인 <표 6-2>와 같이 제시하고 있다.

전통적인 교육방법과의 비교

기존의 학습방법들은 이론 및 사례 연구, 역할 연기, 시뮬레이션 등 주로 강의 위주의 간접적 학습방식으로 구성되어 있었기 때문에 현장 단위에서 발생하는 근본적인 문제를 다루지 못한다는 한계를 가지고 있다.

하지만 액션러닝 프로그램은 기업이 당면하고 있는 핵심 현안 및 현장 중심의 이슈를 중심으로 문제를 선정하고, 이를 해결할 수 있는 구체적인 대안을 실제 행동을 통해 제시한다는 면에서 기존 방법과 차이가 있다.

그리고 기존의 학습방법에서는 학습자가 제시한 결정 사항이나 해결 대안이 실제로 실행되는 경우가 드물다.

그러나 액션러닝 프로그램은 기업성과와 직결되는 사안들로 문제를 구성하기 때문에 프로그램을 통해 얻어진 결과는 거의 대부분 실행되는 경우가 많다. 즉, 액션러닝 참가자들의 학습 동기를 높일 수 있다는 점에서 의의가 있는 것이다.

마지막으로 기존의 학습이 구성원들의 업무와 관련하여 문제점을 파악하고 제품이나 생산 과정을 개선하는 것에 머물렀다면, 액션러닝은 기술적으로 충분히 해결할 수 있는 문제가 아니라 익숙하지 않으면서도 도전적인 과제를 다룸으로써 보다 폭넓은 시야를 가질 수 있다는 장점이 있다.

액션러닝은 이처럼 기존의 교육프로그램과도 기본과정 및 패러다임을 달리하고 있다. 유명만(1995)은 액션러닝과 기존의 전통적인 교육방법과의 차이점을 <표 6-3>과 같이 제시하고 있다.

<표 6-3> 액션러닝과 전통적인 교육방법과의 비교

구분	전통적 교육방법	액션러닝
패러다임	공급자 중심의 교수 (강사의 상대적 우월성)	수요자 중심의 학습 (학습활동의 중요성)
철학	문제상황에 대한 전문적 지식을 가지고 있는 소수의 외부전문가	문제상황에 직면하고 있는 내부 구성원 모두가 전문가
이론과 실천의 관계	이론과 실천의 분리	이론과 실천의 통합
교수-학습의 전략	주입식	참여식
적합한 영역	전문적 지식 및 기술의 집중적인 단기간 훈련	일반적 경영관리 능력개발
교육생의 역할	수동적 지식의 흡수자	적극적 참여자
강조점	현장과 관련성이 적은 전통적인 내용 중시	현장중시의 비구조적 문제 또는 기회의 해결 및 발견
교육과 경영의 관계	교육을 위한 교육 교육전략 ≠ 경영전략	경영성과 기여도의 극대화 교육전략 = 경영전략

3 액션러닝의 프로세스

일반적인 프로세스

　일반적인 액션러닝은 학습 팀의 구성, 과제부여, 과제해결을 위한 팀 미팅, 해결방안 개발, 소속 부서장/최고경영층에 보고, 해결방안의 실행, 평가 등으로 이루어지는 일련의 프로세스를 갖는다(<그림 6-6> 참조).

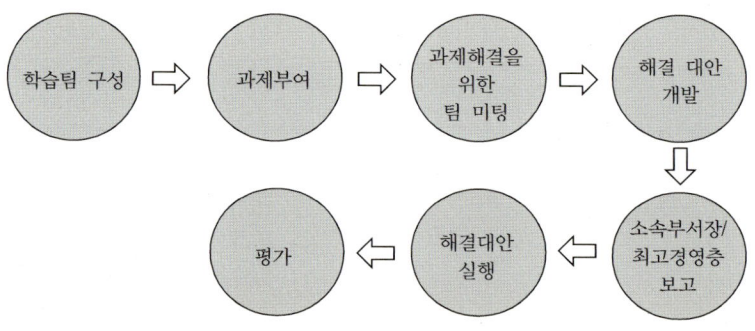

<그림 6-6> 액션러닝의 일반적 프로세스

(1) 팀의 구성과 과제부여

액션러닝 프로그램에 참여하는 학습 팀은, 조화로운 팀을 구성해야 한다. 팀은 4~7명으로 구성된다. 문제와 문제해결에 대한 창의적 접근이 가능하도록 다양한 시각과 경험을 가진 직원들로 학습 팀을 구성하는 것이 바람직하다.

액션러닝 프로그램에 참여하는 팀들은 사안을 정리하기 위해 해당 부문을 연구하고, 사안을 검토하기 위한 해결할 과제와 관련된 시장, 고객, 재무정보를 수집한다.

최종적으로 해당부문의 임원이나 최고경영자가 액션러닝 프로젝트를 결정하게 된다. 경영진은 액션러닝 팀의 지원역할을 담당하며, 기업이 직면하고 있는 도전적 과제를 팀에 부여하는 역할을 한다.

팀은 과제기술서와 운영원칙을 정립하고, 이를 경영진에게 승인받는다. 경영진과 팀 구성원들은 첫 번째 미팅에 참여하여 명확한 팀 미션을 세우게 된다.

팀에는 부서 또는 전사적 차원에서 해결하기 난해하거나 중대한 과제를 부여한다. 팀 구성원 각자에게는 서로 다른 개별과제(open-group program)를 부과하며, 팀에는 하나의 공통과제(single-project program)를 부과한다.

학습 팀의 각 구성원에게 개별과제를 부여함으로써 참여도를 높일 수 있다. 이는 전적으로 팀의 리더의 권한으로 하여 상황에 맞게 하도록 한다.

(2) 과제해결을 위한 미팅과 해결방안의 모색

정해진 기간에 정기적인 미팅 외에도 수시로 미팅을 가진다. 이를 통해 해결방안을 모색한다.

효과성을 증진하기 위해서는 다양한 분야의 지식을 가진 구성원이 필요하다. 즉, 팀의 구성 단계에서 다기능 팀을 구성하는 것 또한 방법이다.

정해진 기간에 여러 번의 팀 미팅을 통하여 티의 효과성을 증진시키기 위해 학습코치가 팀 미팅에 참석한다.

학습코치(촉진자)와 함께 문제해결의 기법, 커뮤니케이션 스킬, 프로젝트 관리, 회의운영 기술 등 다양하고 강력한 기술 등을 이용하여 과제에 대해 토론하고 성찰함으로써 해결방안의 개발과 동시에 학습이 일어나도록 해야 한다.

(3) 해결방안의 실행과 평가

팀에서 미팅을 통해 해결방안이 도출되면, 그것을 실행에 옮기게 된다. 정해진 기간의 경과 후 교육과정을 통해 개발한 해결방안을 소속 부서장이나 최고경영자에게 보고하고 실행 여부를 결정한다.

교육기간 중에 학습자 자신이나 학습 팀이 해결방안을 직접 실행한다.

평가는 재무적인 부분, 참신성, 실현 가능성, 비용절감 효과, 생산성증대 효과(경영성과 향상기여도) 등을 기준으로 하여 평가한다.

체계적인 프로세스

체계적인 액션러닝은 문제상황의 제시, 문제인식, 문제의 명료화, 가능한 해결책 제시, 우선순위의 결정, 액션플랜 작성, 현장적용, 성찰 등 일련의 프로세스를 갖는다(<그림 6.7> 참조).

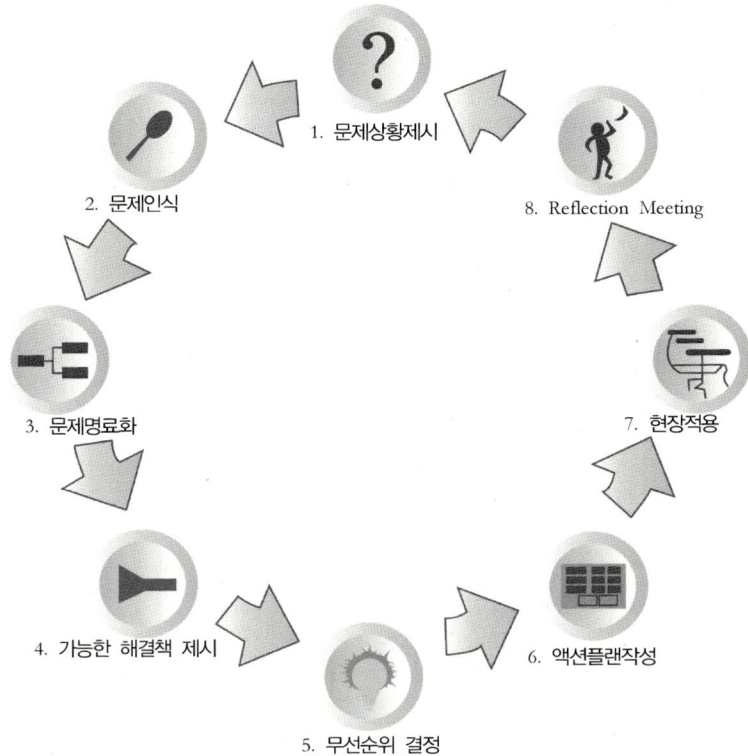

1. 문제상황제시

2. 문제인식

8. Reflection Meeting

3. 문제명료화

7. 현장적용

4. 가능한 해결책 제시

6. 액션플랜작성

5. 무선순위 결정

<그림 6-7> 액션러닝의 체계적 프로세스

(1) 문제상황의 제시

액션러닝은 실제적 문제, 즉 팀에서 직접 경험하는 문제의 상황을 제시하는 것에서 시작된다. 촉진자는 요구조사를 통해 분석된 문제와 학습자료를 팀에 제시하고, 팀 구성원들이 숙지하도록 한다.

제시된 문제가 현재 팀이 직면하는 가장 시급하고 중요한 문제라는 것을 인식하고, 그 문제에 집중할 수 있도록 간단히 의견을 물어본다.

팀원은 요구조사에서 가장 시급하고 중요하다고 응답했던 문제와 현재 촉진자가 제시하는 문제에서 우선순위의 차이가 있다면, 왜 이 문제가 더 중요한지를 생각해보고, 의견을 개진하면서 제시된 문제에 대한 생각을 공유할 수 있는 기회를 가지도록 한다.

또한 제시된 학습자료를 검토하고 학습함으로써, 프로젝트를 수행하는 데 사용되는 새로운 지식기반을 구축한다.

이 단계에서 팀에 제공되는 지원요소는 본 단계에서 학습해야 할 학습자료와 촉진자 활동지침이다.

(2) 문제의 인식

문제의 해결은 어떤 상황을 해결해야 한다고 인식함에서 시작한다. 이 단계에서는 팀 토론을 통하여 제시된 실제적 문제를 다각적으로 인식한다.

다시 말하면, 제시된 문제와 관련된 모든 가능한 내용을 모두 살펴보는 것으로서, 팀원의 개방된 마음에서 나오는 모든 의견을 경청한다.

촉진자는 학습자료를 팀에 제시하고 학습할 수 있도록 한 다음에, 제시된 문제의 특성과 원인을 분석할 수 있도록 관련 기법을 제시하여 기법의 개념과 활용시기 그리고 활용절차를 자세히 설명한다.

또한 촉진자는 촉발질문을 하여 팀이 자유롭게 많은 문제를 생각해낼 수 있도록 유도하며, 소수의견과 다른 관점 그리고 독특한 의견도 제시할 수 있도록 하는 환경을 조성하여야 한다.

그리고 촉진자는 팀에서 활발한 의사소통이 이루어질 수 있도록 하고, 팀원이 인식하는 문제가 공유될 수 있도록 하여야 한다.

마지막으로 촉진자는 피드백을 통하여 문제가 팀 내에서 제대로 인식이 되었는지 확인하여야 한다.

팀원은 촉진자가 제시하는 학습자료와 분석기법을 지식기반으로 하여 문제의 특성과 원인을 분석한다. 이를 위해 팀원들은 다양하고 많은 의견의 제시와 활발한 커뮤니케이션, 문제의 인식과 공유 그리고 타인에 대해 포용하는 마음을 가지도록 한다.

제시된 문제가 실제상황에서 팀이 당면하는 문제인지 문제의 인식을 공유하고, 실제로 이 문제들이 가지는 특성과 원인을 촉진자가 제시하는 질문과 확산적 사고기법들을 사용하여 찾아내게 된다.

이 단계에서 팀에 제공되는 지원요소는 학습자료, 촉진자 활동지침, 확산적 사고를 유도하는 기법들이다.

(3) 문제의 명료화

문제의 명확화는 팀원이 해결해야 할 문제를 명확히 하는 단계이다. 문제의 명료화는 문제해결과 의사결정을 하는 동안에 초점을 두게 되는 명확한 기준점을 제시하는 것이라 할 수 있다.

팀원들은 문제의 명료화를 거침으로써 제시된 문제를 자신의 문제로 받아들이게 된다.

팀원은 촉진자가 제시하는 학습자료와 관련 기법을 학습하고, 문제의 인식단계에서 창출된 지식을 팀에서 공유한다.

그리고 명확한 문제도출을 위해 수렴적 사고기법을 사용하여 우선순위를 선정하고 명료화한다.

문제의 우선순위 선정은 팀원의 합의를 거치도록 하며, 다루기 쉽고 해결이 된다면 큰 효과를 발휘할 수 있는 문제를 중점적으로 분석하도록 한다.

이 단계에서 팀에 제공되는 지원요소는 학습자료, 촉진자의 활동지침, 수렴적 사고를 유도하는 기법들이다.

(4) 가능한 해결책의 제시

가능한 해결책의 제시는 제시된 문제를 해결하기 위한 다양한 접근방법을 모색하는 단계이다. 문제가 명료화되면, 팀의 토론을 통하여 문제를 해결할 수 있는 다양한 해결책에 대한 아이디어를 도출하게 된다.

이때 촉진자는 촉발질문을 함으로써 팀원이 다양한 아이디어를 제시하도로 하고, 창의적 기법을 제공함으로써 혁신적이고 새로운 해결책이 도출될 수 있도록 촉진하여야 한다.

촉진자는 기존의 해결책과 비교함으로써 실제 조직에서의 적용가능성을 탐색할 수 있어야 한다.

이 단계는 확산적 사고가 필요한 단계로서, 팀은 기존의 해결전략, 새로운 해결전략, 창의적인 해결전략을 다른 팀원에게 구애받지 않고 자유롭게 제시하여야 한다. 다만 일정한 법칙을 가지고 정형화된 해결책은 참고만 하고, 이용하거나 실제로 해결책으로 선정하지는 않는다.

(5) 우선순위의 결정

우선순위의 결정은 팀의 토론을 통해 도출된 가능한 해결책들 중에서 시급성・경제성・실현가능성 등을 고려하여 제시된 실제적 문제의 해결방안 중에서 우선순위를 결정하는 것이다.

이때 촉진자는 학습자료의 제시와 함께 이전의 가능한 해결책의 도출 단계에서 산출된 해결책 목록을 팀에 제시하며, 팀이 화합을 유지하며 격렬한 비판적 사고를 하도록 유도한다. 그리고 외부전문가의 견해를 팀에 제시하여 기존에 알려진 위험은 제거할 수 있도록 도와줄 필요가 있다.

해결책의 우선순위는 시간·비용·긴급성·중요성·효과성 등과 같은 기준을 고려하고, 각각 현재에 필요한 기준을 중심으로 우선순위 목록을 정한다.

우선순위를 선정할 때는 모든 대안을 토론하도록 요구하고, 초기의 대중적인 선택에 집중하는 경향을 피하도록 하는 것이 바람직하다. 마지막으로 팀이 피드백을 통해 우선순위에 합의하도록 한다.

(6) 액션플랜

우선순위가 높은 해결책들이 선정되면, 액션플랜 단계에서는 팀 토론을 통해 조직에서 해결책들을 어떻게 구체적으로 실행할 것인가에 대한 계획을 수립한다. 팀 토론을 통해 팀별로 구체적인 실행계획인 액션플랜을 작성하는 것이다.

촉진자는 본 단계의 학습자료를 제시하여 팀이 학습할 수 있도록 한다. 그 후에 액션플랜의 작성지침과 이전 단계에서 산출된 해결책의 우선순위 목록을 팀에 제시하고, 액션플랜 작성에 필요한 기법의 개념·활용시기·활용절차 등을 설명한다.

촉진자는 액션플랜이 팀 초기의 목표와 부합하는지, 해결전략을 충분히 반영할 수 있는지를 생각할 수 있도록 도와준다.

액션플랜의 강점과 약점, 수행의 촉진요소와 제한요소 등 결과물에 영향을 미칠 수 있는 요소들을 인터뷰, 설문지, 파일럿 테스트를 통해 미리 도출해내고, 집중적으로 검토하여 팀이 액션플랜에 반영하도록 도와주는 것도 필요하다.

마지막으로 촉진자는 피드백을 통해 팀과 조직의 환경, 외부요소들이 팀이 액션플랜을 수행하는 데 도움이 되는 방향으로 정렬되어 있는지 최종적으로 점검하고, 팀에서 액션플랜을 합의할 수 있도록 시간을 제공한다.

팀원은 촉진자가 제시하는 학습자료, 관련기법, 액션플랜 작성지침을 학습하고, 이전 단계에서 창출된 지식을 공유한다.

팀은 초기목표, 수행이 촉진·제한요소, 해결해야 할 문제, 프로세스상의 팀의 위치, 팀원의 사기, 조직의 지원 등을 최종적으로 점검하고, 이를 바탕으로 우선순위에 따라 선정된 해결전략을 액션플랜을 충분히 반영할 수 있도록 계획을 세운다.

2순위까지 해결전략을 다각도로 수립해보고, 실제 적용이 가능한지 여부를 판단한다.

액션플랜의 작성지침에서 강조해야 할 부분은 액션플랜이 수행순서에 따라 절차적으로 작성되었는지, 액션 시에 일어날 수 있는 모든 가능한 촉진·방해요소들이 조사되었는지를 예측하여 액션플랜에 명시하도록 하는 것이다.

마지막으로 피드백을 통해 액션플랜의 모든 요소들을 팀이 공유하고 검토하여, 실제 수행에서 발생할 수 있는 문제를 최소화한다.

(7) 현장적용

현장적용에서는 팀 토론을 통해 작성된 액션플랜을 각 팀원은 자신이 소속된 조직에서 직접 수행하게 된다.

촉진자는 본 단계의 학습자료를 제시하고 팀이 학습하도록 한다.

그 후 이전단계에서 수립한 액션플랜과 현장기록서를 팀에 제시한다.

현장기록서에는 현장적용의 단계에서 일어날 수 있는 긍정적이고 지지적인 요소, 부정적인 요소 및 의견을 기록할 수 있도록 만들어져 있어야 하며, 촉진자는 팀이 현장기록서를 자세하게 작성할 수 있도록 설명한다.

팀원은 촉진자가 제시하는 학습자료, 관련기법, 액션플랜 작성지침을 학습하고, 이전 단계에서 창출된 지식을 공유한다. 팀은 액션플랜에 따라 현장에 적용하고, 현장기록서를 자세하게 작성한다. 액션플랜의 현장 적용 시 간단한 파일럿 테스트를 먼저 수행하는 것이 좋다.

(8) 성찰

성찰 단계에서는 팀 토론을 통해 나온 액션플랜을 적용하는 과정에 대하여 팀원들은 각자 개별적인 성찰의 시간을 가지게 되고, 이러한 개별 성찰의 내용을 팀원들이 함께 나누는 성찰미팅의 단계를 가지면서 전체적인 학습의 과정 및 효과에 대한 성찰을 통해 자신의 문제점 및 산업현장의 문제점을 다시 한번 고찰하여 개선할 수 있게 된다.

촉진자는 이전의 액션플랜 단계에서 산출된 현장기록서를 평가를 위한 체크리스트를 팀·조직·이해관계자 등에 제시하고 설명한다.

체크리스트가 포함하고 있는 평가의 세부내역을 자세하게 설명해서 평가 및 성찰이 효과적으로 되도록 한다.

본 단계에서 나타난 문제점들이 치명적이라면, 문제명료화 단계로 돌아가서 수정·보완하고, 각 단계를 반복해서 수행하도록 한다. 팀은 현장기록서와 평가지를 근거로 액션플랜의 전 프로세스를 성찰하고, 필요시 이전 단계로 돌아간다.

4 액션러닝 프로그램의 설계

인재육성의 첨병

많은 기업들이 인재육성의 중요성을 강조하고 있다. 하지만 기존의 학습 시스템만으로 인재육성과 기업 성과를 동시에 달성하기는 어렵다. 선진 기업의 사례를 통해서 볼 때, 효과적인 인재육성의 방안으로 액션러닝이 부각되고 있다.

기업의 경영에서 끊임없이 제기되는 화두가 '사람이 경쟁력의 원천'이라는 것이다. 80년대까지만 해도 가장 중요한 핵심가치로 '성장'을 추구하던 GE는 최근 '인재'를 가장 중요한 자원이자 경쟁력의 원천으로 삼고 있다.

이러한 풍조는 비단 GE뿐 아니라 많은 기업들이 유능한 인재 발굴 및 육성을 최우선적인 핵심 경영과제로 선정하고 있다. 인재육성을 위한 방법에는 여러 가지가 있는데, 그중 하나가 바로 액션러닝(Action Learning)이다.

90년대부터 해외 선진기업들을 중심으로 조직의 당면문제 해결,

국제적 감각을 지닌 리더 육성, 조직의 경쟁우위 확보 및 학습조직으로 거듭나기 위한 일환으로 액션러닝이 적극 활용되고 있다.

액션러닝은 실제 경영현장에서 성과와 직결되는 이슈 혹은 과제를 정해진 시점까지 해결하고, 이를 통해 개인과 조직의 역량을 동시에 향상시키는 행동지향적 학습기법이다.

이러한 액션러닝의 핵심 포인트는 개인, 팀 그리고 조직이 변화에 보다 효과적이고 유연하게 대응할 수 있는 학습역량을 기르는 데 있다.

맞춤형 액션러닝의 설계

최근 급격한 경영환경의 변화와 함께 인적자원 개발에도 패러다임의 변화가 일어나고 있다. 급변하는 외부환경의 변화에 신속한 대처로 경쟁우위를 확보하기 위해서는, 과거 어느 때보다도 "지속적인 학습"의 요구가 증가되고 있다.

이와 관련하여 최근 적시형 학습(just in time learning)과 맞춤형 학습(on demand learning)이 등장하였으며, 이를 구현할 수 있는 구체적인 학습방법이 액션러닝(action learning)이다.

액션러닝 프로그램은 문제해결 능력을 극대화시키고 질적으로 우수한 학습과 개발이 가능하도록 하기 위해 다양한 형식과 형태를 취할 수 있다. 액션러닝 프로그램은 조직 및 액션러닝 그룹에 참여하는 개인의 목적, 한계 및 자원 등에 알맞게 변화를 주거나 조정할 수 있다.

여기서 주의해야 할 점은 우리 기업(조직)에 가장 알맞은 액션러닝 프로그램을 만들어내기 위해 조직이나 개인이 다음의 요소를 취사·선택을 하는 과정에서 액션러닝의 핵심요소가 제거되거나 간과

되어서는 안 된다는 것이다. 조직을 위한 맞춤형 액션러닝 프로그램의 설계에서 고려할 요소는 다음과 같다.

(1) 프로그램의 유형

액션러닝 프로그램은 기업의 문제(단일 프로젝트 프로그램)를 해결하거나 또는 각 집단 구성원이 안고 있는 문제(오픈 그룹 프로그램)를 해결하기 위해 구성될 수 있다.

① 단일 프로젝트 프로그램

단일 프로젝트 프로그램을 사용하는 조직은 여러 집단이 조직 내의 동일한 조직의 문제를 다룰 수도 있고, 각 집단이 서로 다른 문제를 다룰 수도 있다.

여러 집단이 동일 문제를 다룰 경우, 여러 가지 대안이 해결책으로 제시될 수 있는데 이는 조직의 문제해결에 큰 도움이 된다.

반면에 동일한 문제를 여러 집단이 함께 다룰 경우에 나타날 수 있는 단점은, 실행에 옮겨질 해결책(제안)이 단지 한 집단의 노력만을 반영하는 것이 될 수 있으며, 행동에 대한 성찰을 통해 얻을 수 있는 학습도 한 집단에게만 제한될 수 있다는 것이다.

그리고 조직의 여러 집단이 서로 다른 문제를 다룰 경우에는 보다 많은 문제가 해결될 수 있다. 또한 각 집단은 자신의 해결책에 기초한 행동으로부터 무언가 학습할 수 있게 되며, 보다 깊이 있는 학습이 가능하다.

② 오픈 그룹 프로그램

오픈 그룹 프로그램에서는 조직의 여러 집단이 저마다 안고 있는 서로 다른 문제들을 다룬다.

전 구성원이 각 집단의 발표자가 된다. 구성원들은 정해진 기간에 서로의 협력자이자 지원자가 된다. 그들은 서로 다른 조직의 구성원 또는 동일 조직의 다른 부서 구성원들로 구성될 수 있다.

(2) 프로그램의 구조

프로그램의 구조는 조직의 각 집단 구성원이 프로그램에 참여하는 형태, 프로그램의 길이, 회의의 길이, 회의의 빈도 등을 말한다.

① 프로그램의 구조

프로그램의 구조는 조직의 각 집단 구성원이 프로그램에 참여하는 형태, 즉 풀타임으로 참여하느냐 또는 파트타임으로 참여하느냐에 따라 달라진다.

풀타임 액션러닝 프로그램은 집단의 구성원들이 기존 업무에서 벗어나 프로그램에 전적으로 참여할 것을 요구한다.

풀타임으로 진행될 경우, 1~12개월 정도의 일정으로 조직의 경영성과와 직결되는 과제를 수행(해결)하게 된다. 예를 들어, 미국 GE의 중역개발 프로그램에서는 풀타임 액션러닝이 매우 효과적인 전략임이 입증되었다.

반면, 파트타임 프로그램에서는 기존 업무를 계속 하면서 프로그램에 참여한다. 파트타임의 프로그램은 1개월에서 혹은 수개월간 하루, 일주일 또는 한 달에 두세 시간씩 진행된다.

조직에서 시간을 따로 내어서 학습하기가 불가능한 현실을 감안한다면, 파트타임 프로그램은 매우 유용한 접근방법이다.

② 프로그램의 길이

프로그램의 길이는 액션러닝 프로그램을 수행하기 위한 일정의 길이를 말한다.

주말에 한 번 모여서 해결할 수 있는 문제인지, 아니면 몇 개월 정도가 필요한 문제인지, 한 번 모일 때마다 몇 시간씩 할애하면 되는가, 혹은 하루 종일 모임을 가져야 하는가 등이다.

일반적으로 액션러닝 프로그램을 수행하기 위해서는 어느 정도의 일정이 확보되어야 조직이나 집단의 구성원들에게 도움이 된다.

현실적으로 많은 기업이나 개인이 빠지기 쉬운 위험은 액션러닝 집단이 활동을 하는 데 맡은 임무를 수행하기에는 턱없이 부족한 시간만을 할애하는 점이다.

만약 액션러닝 집단에 충분한 시간이 주어지지 않으면 문제를 충분히 연구하고 재구성하거나 또는 시스템 관점에서 문제가 놓인 상황을 검토하지 못할 수도 있다.

③ 회의의 길이

오픈 그룹에서 중요한 점은 회의마다 각 구성원이 자신의 문제나 사안에 대해 이야기할 수 있는 시간이 적어도 20분에서 30분 정도는 주어져야 한다는 것이다.

가령 5~6명으로 구성된 집단은 적어도 3시간 내지 4시간 정도가 필요하게 된다. 필요한 시간보다 적게 주어질 경우 액션러닝 그룹 또는 액션러닝 과정에 대한 실망이 생기거나, 열정이 식어 가게 된다.

만일 한 구성원에게 더 많은 시간이 필요하다고 그룹 전체가 생각한다면, 이를 위해 일정을 변경할 수 있으며, 구성원은 자기에게 주어진 시간을 다른 사람에게 양보할 수도 있다.

그리고 단일 프로젝트 집단이라 하더라도 3~4시간을 넘지 않도록 하여, 최고의 생산성, 에너지 및 만족감을 이끌어낼 수 있어야 한다.

④ 회의의 빈도

액션러닝 회의는 액션러닝 그룹이 해체될 때까지 전 과정에 걸쳐 매일·매주·매월 단위로 열릴 수 있다.

액션러닝 전문가들에 따르면 문제의 재구성, 시험 방법 및 실행한 행동에 대한 보고 등에 관한 지속성과 초심을 유지하기 위해서는 회의의 간격이 한 달 이상이 되어서는 안 된다고 한다.

만약 회의 사이의 기간이 너무 길어질 경우, 참가자들은 매일매일 나타나는 징후 및 긴박한 사태를 해결하느라 조직 전반에 영향을 미치는 핵심적인 문제를 간과할 수도 있다는 것이다.

기업이 액션러닝에 부여하는 우선순위 및 중요도는 액션러닝 그룹의 회의를 위해 기업이 얼마나 많은 시간을 할애했는가에 의해 종종 결정된다.

불행히도 어떤 기업들은 액션러닝 프로그램을 업무 외 시간에 수행하도록 요구한다. 분명히 이런 식의 시간 조정은 직원들에게 액션러닝이 중요하지 않다는 결론을 내리게 한다.

한 번의 회기로 액션러닝 프로그램을 마칠 수도 있지만, 회의 중에 행동을 실행하고, 진행 사항을 알리며(특히 오픈 그룹 프로그램에서), 성찰하고, 외부 지식을 얻을 수 있는 기회를 비롯한 여유 시간을 가지게 되면 여러 이점을 얻을 수 있다.

마지막으로 회의의 주기 및 빈도와 관련하여 주기적인 점검이 필요한데, 초기에 결정된 사항을 계속 유지해도 무리가 없는지 확인하고, 진척 정도와 성취도를 평가하며, 좀 더 빈번한 액션러닝 회의가 필요한 것은 아닌지 등을 결정해야 하기 때문이다.

(3) 집단의 구성

액션러닝 집단의 구성원은 내부인 또는 외부인, 지원자 또는 선발자, 촉진자와 발표자의 인선(임명), 집단의 규모 등에 따라 달라진다.

① 내부인 vs. 외부인

조직의 내부에서 진행되는 액션러닝 프로그램(이하 내부 프로그램)은 조직의 문제를 해결하고 발전을 가져오는 데 주로 초점이 맞추어진다.

이 프로그램을 통해 조직의 변화 및 조직 내 학습문화 및 학습조직을 생성할 수 있는 강력한 수단을 얻게 된다. 내부 프로그램에서는 학습이 지속적으로 이루어질 수 있기 때문에 액션러닝 프로그램의 길이는 크게 문제가 되지 않는다.

한편 직원들을 조직 외부의 액션러닝 프로그램에 참여시키는 경우도 발생한다. 이 경우에도 몇 가지 장점을 얻을 수 있다.

이러한 외부 프로그램은 다양한 배경을 지닌 사람들이 한데 모이기 때문에 기존의 조직 중심의 편협되고 고루한 사고에 참신한 아이디어를 수혈할 수 있다.

또한 참가자들은 자신이 안고 있는 내적 문제에 착수하거나, 이를 해결하는 데 필요한 도움을 얻을 수도 있다.

② 지원자 vs. 선발자

액션러닝의 집단은 특정한 문제를 해결하기 위하여 자신의 의지로 참여하는 사람들로 구성될 수 있고, 조직이 요구하는 사람으로 구성할 수도 있다.

먼저 자신의 의지로 참여하는 액션러닝의 집단에 참여하는 이유는 다음과 같다.

- 문제나 집단의 구성원에 대해 진정 어린 염려
- 주제와 관련된 분야에 대한 지식이나 흥미
- 사안과 업무(생활)와의 연관성

한편, 조직이 요구하는 사람으로 액션러닝 집단을 구성하기도 하는데 다음의 경우에 주로 하게 된다. 구성원의 선발(지정)하는 기준은 다음과 같다.

- 조직적 필요로 따라 특정 부서나 부문의 사람들을 모아야 하는 경우
- 집단의 구성과 관련해 경험이 있는 사람이 그룹 내에 필요한 경우
- 차기 리더의 선정 기준으로 삼고자 하는 경우
- 효과적인 액션러닝 프로그램을 구성하는 데 필요한 참신한 관점 또는 다양성 확보 등

단일 프로젝트 액션러닝 프로그램의 그룹 구성은 종종 조직에 의해 이루어지는 반면 오픈 그룹 액션러닝 프로그램의 구성은 일반적으로 관심이 있는 사람들로 이루어진다. 즉, 그룹의 일원이 되기 위해 자발적으로 지원한 사람들로 구성된다.

③ 촉진자(내부자 vs. 외부자)

촉진은 액션러닝의 핵심 구성 요소로서 실행하는 행동 및 습득하는 배움의 질을 최적화시킨다.

촉진자의 역할을 담당할 사람은 조직 내에서 임명되거나(내부 촉진), 조직의 외부에서 초빙되기도 하며(외부 촉진), 그룹 구성원들이 돌아가며 담당하기도 한다.

조직의 집단 내에서 촉진자를 내부인력으로 구성하느냐, 아니면 외부인력으로 구성하느냐 또는 내부 구성원이 돌아가면서 하느냐의 결정은 다음의 질문에 따라 달라질 수 있다.

- 기업이 촉진자 양성을 위해 기업 내부의 직원을 훈련시킬 수 있는 역량이 있는가?
- 기업 내부의 직원을 촉진자로 임명하면 그룹 구성원들에게 방해가 되지는 않는가?
- 외부 촉진자의 활용에 따른 용역비용의 충당 또는 지원자를 구할 수 있는가?
- 촉진자가 오직 초기 단계에서만 필요하다고 생각하는가?
- 여러 액션러닝 그룹을 1~2명 또는 여러 명의 촉진자로 담당하도록 할 것인가?
- 그룹 구성원들이 돌아가면서 촉진자의 역할을 담당할 수 있는가?

④ 발표자(당사자 vs. 지명자)

과제의 발표자는 문제를 안고 있는 실제 당사자가 될 수도 있으며 조직이 임명할 수도 있다.

발표자로 임명된 사람은 문제를 그룹에 소개하고, 그룹이 제시한 해결책이 확실히 실행되도록 하는 책임을 지닌다. 그리고 문제의 실제 당사자는 대부분 조직의 상위 계층에 속해 있어 문제에 관해 직접 작업할 시간을 내지 못하는 경우가 많다.

문제를 안고 있는 당사자가 발표자가 되면, 그것의 해결과정에서 참여함으로써 그룹의 문제해결을 위한 해답과 행동을 모색하는 데 필요한 그룹의 자발성을 저해할 수도 있지만, 다음의 이점도 있다.

즉, 해당 문제에 대한 관심이 증가되며 해결책을 찾으려는 의지가 강화된다는 것이다. 당사자는 그룹의 제안 사항을 실행하기에 앞서 제기되는 해당 문제에 대한 그룹 동료들의 질문에 보다 적절하게 답변할 수 있다.

반면에 임명받은 발표자는 조직에서 갖는 중요성이 훨씬 큰 문제, 따라서 해결책이 시행될 경우 상당한 영향을 미칠 수 있는 문제를 제기할 수 있다.

구성원들이 조직에서 또는 업계나 전문 영역에서 자신의 명성을 높일 수 있는 기회를 가질 수 있다는 점에서 집단의 에너지가 생성될 수 있다.

⑤ 그룹의 규모

액션러닝 그룹의 최적 규모를 결정하는 데는 2가지 요소 - 원활한 사회적 상호작용(다양한 관점 및 필요한 지원의 획득)에 필요한 인원 수, 주의를 기울여야 하는 문제들을 다루는 데 필요한 시간 - 가 있다.

만일, 인원이 너무 많으면 자유롭고 편안한 분위기의 정보, 아이디어 및 도전 과제의 교환이 방해받을 수 있다. 또한 결과물이 줄어들며, 시너지 효과도 감소되고, 창의적 긴장감이나 역동성이 저하되며, 행동과 학습에 대한 피드백도 제한적으로 이루어진다.

집단의 역동성이나 문제해결의 질 등과 관련한 연구를 볼 때, 액션러닝 그룹이 능률적이고 효과적이 되기 위해서는 4~8명 정도로 구성되는 것이 가장 바람직하다고 한다. 10명 이상인 학습그룹이 성공한 예는 거의 없다.

(4) 문제의 선정

문제를 익숙한 문제로 하느냐 낯선 문제로 하느냐, 낯선 환경에서 하느냐 익숙한 환경에서 하느냐, 문제의 선정 주체를 누구로 하느냐, 문제의 유형이 무엇이냐 등에 따라 액션러닝 프로그램이 달라진다.

① 익숙한 문제 vs. 낯선 문제

그룹의 구성원들이 자신들에게 익숙한 문제, 예를 들어 자신의 업무와 관련된 문제 등을 다룰 경우에는 업무성과를 향상시킬 수 있으며, 해당 업무와 관련한 시스템 및 여러 가지 부수 사항들을 더욱 심도 깊게 이해할 수도 있다.

상황에 대해 보다 잘 알고 있는 사람에게서 나타나는 자연스러운 반응이기는 하지만, 익숙한 문제를 다룰 때 발표자는 '네, 그렇지만' 게임을 하듯 대답하려는 경향을 피하는 것이 매우 중요하다.

하지만 그룹의 구성원들이 낯선 문제를 다루기는 좀 어렵다. 낯선 문제를 다룰 수 있다면, 놀라운 창의력을 발휘할 수 있으며 그룹 구성원의 관점을 향상시키고 확대할 수도 있다. 낯선 문제를 다룰 경우 외부 전문가가 필요할 때도 있다.

다른 사람의 문제를 다룰 경우 위험한 점 중 하나는 문제의 중요성

또는 긴박성을 제대로 인식하지 못할 수도 있다는 것이다. 액션러닝은 이런 문제를 해결하는 과정에서 내재적으로 흥미와 헌신을 수반한다.

② 낯선 환경 vs. 익숙한 환경

익숙한 환경이란 조직의 구성원 모두가 한 조직이나 지역사회에서 모인 경우이다.

모두가 환경에 익숙할 경우 얻을 수 있는 이점 중 하나는 문제가 발생한 상황이나 환경을 설명하거나 묘사할 필요가 적다는 것이다.

그리고 가장 심각한 단점은 적어도 초기에는 사고방식이 유사해서 참신한 관점의 도출이 부족하게 된다는 것이다.

낯선 환경은 그룹의 구성원이 다른 조직이나 배경 또는 경험을 가진 사람들로 이루어졌거나 또는 배경은 같지만 개인적인 문제로 고민하는 마케팅 부서 사람이나 학문적인 문제를 안고 있는 사업가 등 전혀 다른 문제를 안고 있는 사람들로 그룹이 구성된 경우를 말한다.

③ 문제선정의 주체

문제가 선정되는 방식, 즉 문제선정의 주체가 누구인가는 매우 중요한 문제이다.

당연히 선정되는 문제는 실제로 수행하는 것이어야 하며, 주의를 기울여야 하고, 조직에서 갖는 의미가 큰 것이어야 한다. 따라서 문제의 선정 시에는 다음 방법들을 사용하면 효과적이다.

- 기업의 스폰서가 문제를 선정한다.
- 액션러닝 프로그램이 시작되기 전에 스폰서 및 구성원들이 함께 문제를 결정한다.

- 최초 액션러닝의 회의 시에는 구성원들이 문제를 결정한다.

마지막 2가지 경우는 그룹이 문제와 직접적인 연관성을 가지며, 문제에 대한 주인 의식을 가지고 있어야 한다는 액션러닝 프로그램의 핵심 원리에 잘 부합한다.

처음 경우는 스폰서가 그룹 구성원에게 해당 문제가 회사의 이익과 직결되는 주요 사안이며, 제안 사항이 이 해당 그룹에 의해, 해당 그룹과 다른 사람들과의 협력을 통해, 또는 다른 그룹에 의해 반드시 실행될 것이라는 확신을 심어줄 수 있을 때 잘 진행된다.

④ 문제의 유형

문제가 중요하고 복잡하면 할수록 해결책을 통해 얻는 결과는 더 큰 지렛대 효과를 발휘하며, 액션러닝 집단이 다루어볼 만한 더욱 좋은 문제라고 할 수 있다.

문제에는 유일한 해결책만이 존재하는 것은 아니며, 그룹마다 다양한 방법의 해결책을 찾을 수 있다.

조직에 액션러닝을 도입할 때 조직의 여러 부서와 연관이 있으며, 전문가의 해결책으로도 해결하지 못하는, 또한 성격상 기술적이라기보다는 조직적인 문제를 선정해야 한다.

마지막으로 문제와 관련해 구체적인 일정이 수립되어야 하고, 즉 행동으로 옮겨야 할 시점이 정해져야 하며, 조직이나 그룹의 역량으로 실행 가능한 문제이고, 중요하며 해결할 만한 가치가 있는 문제여야 한다.

(5) 맞춤형 액션러닝 프로그램을 위한 변화와 선택

각 조직은 직면한 해결 과제에 대해 각각 다른 방식으로 대처한다. 따라서 조직에 가장 많은 이익을 가져올 수 있는 액션러닝 프로그램은 회사의 목표에 알맞게 맞춤된, 모든 관련 부서에 잘 맞는 것이어야 한다.

액션러닝 프로그램의 핵심 구성 요소가 손상되지 않는 한 여러 가지 다양한 프로그램이 가능하다.

액션러닝 프로그램의 구축(운영)

앞에서 살펴본 바와 같이, 액션러닝 프로그램은 인재육성과 조직성장을 동시에 이룰 수 있는 훌륭한 도구이다.

하지만 인재육성의 첨병으로 각광받고 있는 액션러닝은 실제 프로그램을 실행하는 데 있어서 각별한 주의를 기울여야 한다. 액션러닝 프로그램의 구축과 효과적 운영을 위한 요점을 살펴보면 다음과 같다.

(1) 적절한 과제의 선택

무엇보다도 적절한 과제를 선택하는 것이 중요하다. 액션러닝 프로그램이 실패하는 가장 결정적인 원인 중의 하나가 부적절한 문제(과제)나 사안의 선택이다.

액션러닝이 효과적이기 위해서는 무엇보다 중요한 것은 기업(조직)이 직면한 실질적이고 도전적인 이슈(Challenging Issue)를 과제로 선정하는 것이다.

중요성이 낮거나 사소한 문제, 추상적이고 복잡한 문제 혹은 그룹의 권한이나 책임소재 밖의 문제 등은 피하는 것이 좋다. 미국의 PFG가 액션러닝 프로그램의 운영에서 가장 신경을 쓴 것 중의 하나가 적절한 문제의 선정이었다.

(2) 조직 차원의 지원

액션러닝 프로그램의 성공은 조직 차원의 지원을 필요로 한다. 특히 최고경영층의 지원의지는 액션러닝 프로젝트의 성패를 좌우할 정도로 중요하다.

학습 팀의 토론을 통해 도출된 해결책을 실행함에 있어서 기민하고 즉각적인 경영진의 지원이 없다면 학습 참여자들의 에너지와 열정은 금방 사라지게 될 것이다. 미국 GE의 미래리더 육성을 위한 액션러닝 프로젝트의 성공비결은 바로 여기에 있다고 하여도 과언이 아니다.

(3) 시간배분의 적합성

액션러닝의 질을 높이기 위해서는 적절한 시간배분을 고려하여야 한다. 특히 팀 구성원들 간의 정보공유와 문제해결에 필요한 충분한 성찰의 시간이 확보되어야 한다.

미국의 GM은 액션러닝 팀으로 글로벌 테스트 팀을 운영하였다. 프로젝트의 중요도와 어려운 정도에 따라 적절한 프로젝트 수행기간을 조정하였으며, 참여자들이 현업에 복귀하기에 앞서 프로젝트의 수행기간에 경험한 다양한 지식을 공유하고 성찰할 수 있는 시간을 갖도록 해주었다.

(4) 조화로운 팀의 구성

액션러닝 프로그램의 성공을 위해서는 조화로운 팀의 구성이 이루어져야 한다. 액션러닝 팀 구성의 핵심은 다양성과 중복성에 있다.

이는 여러 부문에서 선발되는 것도 중요하지만, 선발된 구성원들의 효과적 의사소통을 위해 능력 면에서 어느 정도 비슷한 수준이 유지될 수 있도록 주의하여야 한다.

또한 팀 구성원의 참여 및 학습의지, 촉진자의 우수성, 그리고 구체적인 행동계획의 수립이 효과적으로 이루어질 수 있어야 한다.

(5) 장기적이고 체계적인 평가

액션러닝의 프로젝트가 효과적으로 운영되기 위해서는 정기적이고 체계적인 평가시스템이 갖추어져야 한다. <표 6-4>에서 보는 것처럼, 그룹차원 또는 조직차원의 평가가 지속적으로 이루어져야 한다.

이는 액션러닝 프로그램의 효과 자체를 검토하는 것뿐만 아니라 인재육성을 위한 첨병으로서의 역할을 위해서도 필수적이다.

<표 6-4> 액션러닝 프로그램의 평가

평가 수준	평가내용	체크포인트의 예
그룹 차원의 평가	질문의 우수성	- 질문을 통해 문제를 제대로 구성해보기 전에 성급히 해결방안을 마련하는 것은 아닌가? - 참신하고 사안을 명확히 하는 데 도움이 되는가? - 시의적절하고 도움이 되는 질문인가? - 모든 사람이 질의 과정에 참여하고 있는가?

그룹 차원의 평가	경청 및 성찰의 우수성	– 질문과 답변 사이에 성찰을 위한 시간을 갖고 있는가? – 새로운 행동방식에 대한 열린 태도를 갖고 있는가? – 새로운 인식을 갖게 되는가? – 제기된 다양한 질문 및 의견 사이의 연결고리를 찾아가고 있는가?
	문제의 구성·해결의 우수성	– 개인이나 조직에 있소 현실적이고 실질적이며 중대한 문제인가? – 해결 가능한 문제인가? – 그룹과 조직에 학습기회를 얻을 수 있는 문제인가? – 개인이나 그룹의 책임소재 하에 있는 문제인가? – 해결책이 가져올 영향을 검토해 보았는가?
	실천단계의 우수성	– 구체적이고 명확한 것인가? – 평가해볼 수 있는가? – 개인과 조직에 이익이 되는가? – 행동이 가져올 영향이 검토되었는가? – 다른 방안들도 검토해 보았는가?
	촉진의 우수성	– 촉진자가 성찰의 과정에서 제대로 도움을 주는가? – 피드백이 얼마나 정확하고 적절한가? – 참가자의 학습과 발전을 위해 촉진자가 헌신하고 있는가?
	조직 차원 부가가치	– 즉각적으로 적용해볼 수 있는가? – 투자효과가 있는가?
	리더십 개발	– 코치, 촉진자 및 멘토의 역할이 리더의 핵심역할에 포함되어 있는가? – 긍정적인 사고와 에너지를 생성할 수 있는가?
	조직학습	– 조직 전반에 걸쳐 학습기회가 더 많이 생성되었는가? – 학습에 대한 보상이나 평가가 이루어지는가?
	문제해결 능력	– 다른 문제해결의 메커니즘보다 더욱 효과적인 문제해결 과정인가? – 생성된 해결방안은 어떤 영향을 미치는가? – 직원들의 문제 구성과 해결능력이 향상되는가?
	개인의 역량강화	– 참여자들이 자신의 장점과 한계에 대해 잘 인식하게 되었는가? – 변화 또는 기존사고에 대하여 의문을 제기하는 것에 대해 열린 자세를 가지고 있는가?

학습이란 그것이 행동으로 연결될 때 진정한 가치가 있다. 액션러닝의 가장 큰 가치는 구성원들이 조직이 직면한 문제해결 과정에 직접 참여함으로써 효과적인 학습을 이룰 수 있다는 점에 있는 것이다.

5 액션러닝의 함정

액션러닝을 조직에서 실제로 적용할 때 많은 실수를 하거나 모르고 그냥 지나치는 사항들이 많이 발생한다. 이른바 액션러닝을 실제로 조직에 적용하면서 많은 함정에 빠지는 경우가 있다는 것이다.

이 함정들에는 학습자들이 빠지기 쉬운 함정, 촉진자들이 빠지기 쉬운 함정, 그리고 교육담당자들이 빠지기 쉬운 함정 등 3가지가 있다.

학습자들의 함정

학습자들이 액션러닝 팀에서 잘못을 범하기 쉬운 점은 학습자 자신이 아닌 촉진자가 해결방안을 제시해주기를 바라는 것이나, 학습을 현업과 별개의 것으로 여기는 것이다.

(1) 촉진자가 해결방안을 제시

액션러닝 팀은 주기별 미팅(회합)을 통하여 그동안 수행했던 활동의 결과를 분석하고 성찰하게 된다.

전통적인 교육에 익숙해져 있는 학습자들은 전문강사가 전달해 주는 내용만을 교육이라고 여기는 경향이 많다.

이런 학습자들에게 팀 미팅에서 주고받는 얘기들은 학습이라고 여기지 않을 수가 있다. 다시 말하면 학습자들은 그룹 미팅을 진행하는 촉진자에게 정답이나 해결방안을 제시해 주기를 바라고 있는 것이다. 그러나 그것은 학습자들이 액션러닝에서 촉진자의 역할을 모르기 때문이다.

액션러닝을 위한 그룹미팅에서 팀 구성원들은 촉진자가 내용전문가가 아닌 그들의 팀 활동을 생산적으로 이끌도록 도움을 주는 사람이라는 인식을 분명히 하여야 한다.

만일 액션러닝 팀의 활동을 수행해 나가면서 전문지식이 필요하면, 그 분야의 전문가를 초대하는 것이 바람직하다. 해결대안을 만들고 그것을 현실에서 실험 적용해 보는 것은 촉진자가 아니라, 학습자 자신과 팀 구성원들이라는 책임을 함께 공유하여야 한다.

(2) 학습과 현업은 별개

많은 학습자들은 아직도 학습이나 교육을 현업에서의 업무수행과 별개로 생각한다. 우리는 흔히 '교육받으러 간다'는 말을 하는데, 이것은 교육이 현업과 떨어져 있다는 것을 은연중에 암시하는 말일 것이다.

그러나 액션러닝에서 이루어지는 학습 프로세스에서 중요한 개념은 현장에서의 액션 기본가정을 벗어나게 하는 질문 그리고 현장에서의 액션경험에 대한 성찰을 통해 학습이 이루어진다는 것이다.

학습은 현업을 벗어나는 것이 아니라 업무수행을 하는 가운데 이루어지는 것임을 알아야 한다.

그런데 아직도 많은 학습자와 그의 상사, 그리고 교육의 담당자까지도 액션러닝의 프로세스를 이해하지 못하는 잘못을 저지르고 있다.

학습자와 그의 상사들에게 학습의 본질 및 액션러닝에 대한 깊은 이해가 요구된다. 업무시간 중에 매주 혹은 2주에 1번씩 주기적으로 일어나는 성찰미팅에 참석하기 위해 부하직원들이 자리를 비우는 것은 다름 아닌 학습을 하러 가는 것이다.

현업이 바빠서 교육받으러 갈 시간이 없다고 말하는 직원들이 잦은 업무시간의 공백을 메우기 위해서는 나날이 향상되어 가는 학습자 자신의 역량과 현업에서의 성과로 연결될 수 있도록 프로세스가 구축되어야 할 것이다.

촉진자의 함정

촉진자가 빠지기 쉬운 함정은 팀 구성원들의 기대에 부응하기 위하여 촉진자 자신이 문제해결의 방안을 제시하는 경우와 촉진자로서의 가능한 모든 방법을 동원해보지 않고 팀의 비효과성을 특정인의 탓으로 돌리는 경우이다.

(1) 촉진자 자신이 문제해결의 방안 제시

액션러닝에서 팀 구성원들의 잘못된 생각은 촉진자가 문제해결의 방안을 제시해주길 바라는 것이다.

성급한 촉진자들은 팀 구성원들의 그러한 기대사항을 충족시키기 위하여 그것이 촉진자의 역할이 아님에도 불구하고, 자신이 생각하는 올바른 답을 성급하게 제시하고 싶은 유혹을 받을 수 있다.

심지어 촉진자 자신이 해답을 제공해주지 않을 경우 자신이 하는 역할이 없다고 느끼는 경우도 있다.

숙련된 스킬을 가진 촉진자라면 이러한 유혹(잘못)을 팀 구성원들이 스스로 생각해볼 수 있도록 하는 질문들을 사용하여 스스로 발견해 나갈 수 있도록 하여야 한다.

팀 구성원들의 잘못된 기대사항에 부응하기보다는 그룹의 역동성을 관찰하고 적절한 개입을 함으로써 촉진자로서의 역할을 수행할 수 있어야 한다.

따라서 촉진자로서의 경험이 많은 사람을 촉진자로 활용하여야 한다. 만일 촉진자의 경험이 많지 않은 사람을 촉진자로 활용해야 할 경우에는 사전에 액션러닝에서의 촉진자의 역할을 완벽하게 공유하고, 팀 활동을 촉진해 나가는 과정 속에서 촉진자들과의 성찰미팅을 통해 부단하게 자신의 촉진시키는 기술을 향상시켜 나갈 수 있는 기회가 제공되어야 한다.

(2) 팀의 비효과성은 특정인의 탓

촉진자의 특별한 개입이 없어도 그룹의 역학관계가 시너지로까지 발전하는 학습 팀이 있다면 아주 이상적일 것이다. 아마도 그런 준비가 되어 있는 팀을 만나는 촉진자는 특별한 도전이 없이도 팀이 잘 진행되기 때문에 행운을 얻은 것이다.

하지만 대개는 학습 팀이 개발의 단계(forming-storming-norming-performing)를 거치면서 촉진자는 다양한 도전에 직면하게 된다.

대부분의 도전들은 촉진자와 팀의 구성원들의 노력으로 해결될 수 있지만, 촉진자를 좌절하게 만드는 경우도 발생한다. 예를 들어, 팀의 구성원들 중 특정인이 과도한 영향력으로 원래의 목적달성을 어렵게 만드는 경우가 그것이다.

촉진자로서의 가능한 모든 방법을 동원해보지 않고 팀의 비효과성을 특정인의 탓으로 돌리게 된다. 특정인으로 인하여 팀 구성원 모두가 피해를 보게 할 수 없다고 여겼기 때문일 것이다.

교육 담당자들의 함정

교육의 담당자들이 액션러닝을 수행하면서 빠지기 쉬운 함정은 적절하지 않은 과제를 선정하거나, 경영의 의사결정과는 관계없이 교육활동만으로 운영되거나, 성찰미팅의 중요성에 대한 커뮤니케이션이 단절되거나, 사내강사를 촉진자로 활용하는 것 등이다.

(1) 적절하지 않은 문제(과제)의 선정

액션러닝에서 팀의 구성원들이 안고 있는 문제(과제)는 조직이 안고 있는 실제 경영상의 이슈이다.

사례연구나 문제중심 학습에서 다루어지는 것처럼 가상의 이슈가 아니라 대개는 조직이 직접 직면하고 있는 이슈이다. 다시 말하면, 학습자들이 실제 손에 쥐고 있어서 해결해야만 하는 문제는 아니라는 것이다.

이러한 이유 때문에 액션러닝은 개인학습으로 끝나는 것이 아닌, 조직이 안고 있는 문제의 해결이라는 2가지 중요한 이점을 제공하고 있는 것이다.

액션러닝의 이러한 이점이 최대한 발휘되려면, 과제 자체가 조직은 물론 학습자들에게도 개발의 기회를 제공하는 해결하기 쉽지 않은 의미가 있는 것이어야 한다.

따라서 과제로 선정된 경영상의 이슈는 충분한 의미가 부여되어야, 액션러닝의 진정한 효과를 기대할 수 있다.

조직의 특성이나 액션러닝의 진행방식에 따라, 팀의 구성원들은 그들이 당면하는 이슈를 선정하게 되더라도, 만일 장기간 집중된 노력을 투자하고 또 정기적으로 성찰미팅을 갖는 것이 시간낭비라는 판단이 들게 된다면, 굳이 액션러닝으로 가져갈 필요는 없게 된다. 이때는 액션러닝으로 다루어 갈 문제인지 아닌지 판단하여야 한다.

(2) 경영과는 무관한 교육적 차원에서의 운영

경영의 의사결정과 연계되지 않고, 교육활동만으로 끝나는 프로세스를 장기적으로 운영할 때, 팀의 구성원들은 학습 팀이 의미 있는 활동을 한다고 여기기보다는 자신들이 소모되고 있다고 느낄 수 있다.

문제(이슈)에 대한 데이터 조사와 해결방안이 교육적인 차원으로만 끝나버리고 경영진의 의사결정에 조금이라도 반영이 되지 않는다면, 그것은 액션러닝의 가치를 떨어뜨리는 것이 된다.

이처럼 학습(교육)이 경영과 연계되지 않는다면, 경영진은 교육에 대하여 부정적으로 인식하게 될 것이고, 팀의 구성원 또한 교육에 대하여 회의를 느낄 것이다.

결과적으로 교육과 경영이 따로 움직여 갈 때, 경영진의 교육에 대한 인식 그리고 조직구성원들의 교육에 대한 인식이 결국에는 교육부서의 목을 죄는 결과를 가져올 수도 있다.

(3) 성찰미팅 참석의 중요성에 대한 커뮤니케이션의 단절

액션러닝에서 팀의 구성원들이 토로하는 어려움은 자신의 상사가 성찰미팅에 참석하기 위해 자리를 비우는 것을 용인하지 않는다는 것이다.

성찰미팅에 참석하는 사람을 둘러싸고 있는 주변 사람들에게 성찰미팅의 중요성을 홍보하고, 특히 액션러닝팀 구성원의 1차 상사와 2차 상사와의 끊임없는 커뮤니케이션이 이루어져야 한다.

성찰미팅에서 논의되었던 이슈들을 기밀을 요하는 정보들은 제외하고 상사들에게 주기적으로 피드백해주는 것이 효과적이다.

(4) 촉진자로서 사내강사의 활용

상하 간의 자유로운 커뮤니케이션이 가능하지 않고, 직급이 낮은 구성원들의 아이디어가 직급이 높은 관리자들의 권위에 의해 묵살되는 분위기를 가진 조직문화에서 사내의 리더(사내강사)들을 촉진자로 활용하는 것은 바람직하지 않다.

그동안 기업에서는 사내강사를 양성하여 조직의 많은 과정에 그들을 활용해 왔기 때문에, 그들에게 액션러닝 팀의 촉진자를 맡기고 싶어 한다.

만일 그렇게 운영이 된다면, 액션러닝 팀의 구성원들이 자유로운 토론을 하기보다는 직급이 높은 사람의 얘기를 수용해 버리는 결과를 낳을 수 있다.

수평적인 조직문화가 정착되지 않은 조직이라면, 차라리 외부의 전문가들을 촉진자로 활용하는 것이 액션러닝 팀의 생산성을 높이는 방법이다.

에필로그(epilogue)

■ ■ ■ 조직의 미래는 직원들에게 달려있다. 직원들이 항상 깨어있고 움직이게 만드는 조직이 생존하고 경쟁력을 가진다. 직원들을 그렇게 변화시키고 유지하는 것은 조직의 경영자이다. 당신의 조직은 직원들을 어떻게 유지시키고 있는가? 이제는 스스로 당신의 조직에게 물어보아야 한다.

학습조직은 기업에게 많은 이점을 가져다준다. 경쟁력 제고, 지식근로자의 양성, 조직가치의 상승 등이 그것이다. 조직 내의 여러 문제들을 해결하는 과정에서, 직원들은 학습을 하게 된다.

그 결과, 기업이 소비자에게 상품을 전달하는 과정에서의 품질, 즉 서비스 질이 향상되어 조직의 경쟁력이 향상된다. 그리고 직원들은 학습을 통하여 조직문제들을 해결함으로서, 그들은 지식근로자가 된다. 지식근로자의 수가 점점 증가하면, 조직가치는 비례하여 상승하게 된다.

이러한 성과를 누리기 위해서는 기업의 경영진이 직원의 학습활동에 대하여 강한 믿음과 지원(지지)을 해주어야 한다. 직원들은 조직문제들을 하나씩 해결하는 경험과 기쁨을 누리게 되면, 그들은 높

은 자신감을 갖게 되어 향후의 보다 크고 깊은 문제들도 해결해 나
갈 수 있게 된다.

　경영진의 믿음과 지지(지원)는 학습조직의 활동을 일정한 방향으
로 지속적으로 유지시켜 주는 역할을 한다. 조직의 문제를 직원들
스스로 해결해 나감으로서, 그들은 조직에 공헌하게 되고, 조직은
경쟁력의 향상이나 조직가치의 상승으로 일류기업의 대열에 올라
설 수도 있을 것이다.

참고문헌

1. 국내 문헌

김종훈(1994), 학습조직과 HRD 담당자의 역할, 산업교육연구 제6호.
문국현(2003), 고용창출, 인적자본 육성 및 신 경쟁력 성공사례.
박주희·박창식(2000), 의료의 질경영, 펴냄 홍.
박주희(2008), 신인적자원개발, 대학서림.
박주희·노명래(2010), 학습조직 & 학습동아리 가이드, 이담북스.
박주희(2011), 인재육성의 길, 대학서림.
이영현(2001), 기업의 학습조직화 촉진방안, 한국직업능력개발원, 기본연구 01-17.
유승우(1994), 산업체에서의 인적자원개발, 연세교육연구, 7(1).
장승권 외(1996), 학습조직의 이론과 실제, 학습조직과 경영혁신, 삼성경제연구소
휴먼컨설팅그룹(2004), 전략적 인적자원관리의 아젠다, 경문사.
최재윤(1997), 한국통신의 학습조직 진화를 위한 제언, 경영과 기술, 통권 90호.

2. 국외 문헌

Boshyk, Y.(2000), Business Driven Action Learning: Global Best Practices, New York, N.Y.: Martin's Press.

Gilley, J. W. & Maycunich, A.(2000), Organization Learning Performance and Change, An Introduction to Strategic HRD, Cambridge, Mass: Perseus Publishing.

Host, R.(2000), IBM: Using Business Driven Action Learning in Turnaround. in Boshyk T., Business Driven Action Learning: Global Best Practices, New York, N.Y.: St. Martin's Press.

Marquardt, M. J.(2000), Action Learning in Action: Transforming Problems and People for World-Class Organizational Learning, Davis-Black Publishing.

Marsick, V. J. and Walkins, K. E.(1992), Building the Learn Organization: A New Role for Human Resource Developers, Studies in Continuing Education, 14(2).

박주희

한국외국어대학교 대학원 졸업(국제경영학 석사)
동아대학교 대학원 졸업(경영학 박사)

(주)삼부파이낸스 연구위원
부산가톨릭대학교 보건과학대학원 강사
대전대학교 보건스포츠대학원 강사
고신대학교 보건대학원 외래교수
한국직업능력개발원 Best‒HRD 인증심사위원
한국산업인력공단 Best‒HRD 인증심사위원
(주)항도창업컨설팅 전문위원
현) 한국산업인력공단 HRD 전문강사

『신인적자원개발』(2009)
『학습조직 & 학습동아리 가이드』(2010)
『인재육성의 길』(2011)
『변화하는 조직이 성장한다』(2012)
외 다수

임문규

고려대학교 기업경영연구원 MBA과정 수료

(주)인천철강 전무이사
ISO9001국제인증심사원(IRCA)
경영지도사
현) 아중경영컨설팅 대표

하정수

호남대학교 대학원 경영학과 박사과정 재학

(주)HPS 경영컨설팅 이사
ISO 9001/14001 인증심사원
경영지도사
현) (주)IBS 컨설팅리더십센터 이사

초 판 인 쇄 | 2013년 7월 31일
초 판 발 행 | 2013년 7월 31일

지 은 이 | 박주희·임문규·하정수
펴 낸 이 | 채종준
펴 낸 곳 | 한국학술정보㈜
주   소 | 경기도 파주시 문발동 파주출판문화정보산업단지 513-5
전   화 | 031) 908-3181(대표)
팩   스 | 031) 908-3189
홈 페 이 지 | http://ebook.kstudy.com
E－m a i l | 출판사업부 publish@kstudy.com
등   록 | 제일산-115호(2000. 6. 19)

ISBN   978-89-268-4419-9 03330 (Paper Book)
             978-89-268-4420-5 05330 (e-Book)

이담 *Books* 는 한국학술정보(주)의 지식실용서 브랜드입니다.